✈ 기획 · tvN 〈벌거벗은 세계사〉 제작진
자유롭게 누군가를 만나고 여행하는 것이 점차 어려워질 무렵, 집에서 안전하게 세계 여행을 즐길 수 있는 프로그램을 만들었습니다. 여행지에 숨겨진 세계사까지 배울 수 있으면 더 좋겠다는 마음을 담아 만든 것이 〈벌거벗은 세계사〉입니다.

✈ 글 · 김우람
어린이책 기자 및 편집자로 일했습니다. 쓰고 만든 책으로는 〈꾸러기 논술〉 〈우등생 키즈〉 《닮고 싶은 창의융합 인재 2》 들이 있습니다. 현재 월간 〈우등생 과학〉에서 객원기자 활동을 하고 있으며 초등 교과와 연계한 학습 콘텐츠 및 어린이책을 쓰고 있습니다. 세상의 다양한 생각과 관점이 모여 종이 위에서 또렷한 상을 맺는 어린이책을 만들고자 노력하고 있습니다. 어린이가 존중받는 세상이 되길 꿈꿉니다.

✈ 그림 · 최호정
어린 시절부터 그림 그리기를 좋아했으며, 대학에서 디자인을 공부했습니다. 어린이책에 그림을 그릴 때가 가장 행복합니다. 그린 책으로는 《그림으로 보는 삼국유사 3》 《전설의 탐정, 전설희》 《자두의 비밀 일기장》 《안녕 자두야 과학 일기 14》 《안녕 자두야 과학 일기 15》 들이 있습니다.

✈ 감수 · 박구병
서울대학교 서양사학과를 졸업하고 같은 대학 대학원에서 석사 학위를 받은 뒤 캘리포니아 대학교 로스앤젤레스(UCLA) 사학과에서 박사 학위를 받았습니다. 현재 아주대학교 사학과 교수로 일하며, 20세기 라틴아메리카 정치사, 미국과 라틴아메리카의 관계에 관심을 기울이며 연구하고 있습니다. 공저로는 《도시는 기억이다》 《글로벌 냉전의 지역적 특성》 《제3세계의 역사와 문화》 《서양사강좌》 《과거는 살아 있다》 《사회갈등과 역사교육》 들이 있습니다.

✈ 감수 · 윤영휘
연세대학교 법과대학을 졸업하고 서울대학교 대학원 서양사학과에서 석사 학위를 받았습니다. 영국 워릭대학교 사학과에서 철학박사 학위를 받았고, 육군사관학교 사학과 전임강사, 서울대학교 역사연구소 선임연구원, 국방부 군사편찬연구소 선임연구원을 지냈으며 지금은 경북대학교 사학과 교수로 일하고 있습니다.
서양근대사 및 대서양사 관련 주제에 두루 관심을 쏟고 있으며 세부적으로는 영국사, 현대 기독교 정치, 대서양 노예 무역, 도덕자본 등에 관한 연구를 진행하고 있습니다. 번역한 책으로는 《세계사1》 《세계사2》 들이 있으며 쓴 책으로는 《혁명의 시대와 그리스도교》 《역사학의 역사》(공저)가 있습니다.

초등학생이 꼭 알아야 할 필수 세계사

벌거벗은 세계사

❸ 대항해 시대의 콜럼버스와 엘리자베스 1세

기획 tvN〈벌거벗은 세계사〉제작진
글 김우람 그림 최호정 감수 박구병·윤영휘

아울북

기획의 말

몇 년 전까지만 해도 사람들은 원할 때면 언제든지 세계 어딘가로 여행을 떠날 수 있었어요. 하지만 어느 날 갑자기 우리 삶에 들이닥친 코로나19로 인해 예전처럼 자유롭게 누군가를 만나고 여행하는 것이 점차 어려워졌어요.

그때 만들게 된 프로그램이 〈벌거벗은 세계사〉예요. '어떻게 하면 집에서 안전하게 세계 여행을 즐길 수 있을까?' 하는 고민에서 프로그램이 탄생하게 되었지요. 그리고 나아가서 여행지에 숨겨진 세계사까지 배울 수 있다면 더 좋겠다는 마음을 담았어요.

〈벌거벗은 세계사〉는 히스토리 에어라인을 타고 세계 곳곳을 온택트로 여행하며 우리가 몰랐던 세계의 역사를 다양한 관점으로 파헤쳐요. 지난 과거를 이렇게 파헤쳐야 하는 이유가 무엇일까요? 역사는 단순히 지나간 기록이 아니라 아직도 우리 곁에 머물러 있기 때문이에요. 세계가 어떻게 시작되었고, 다양한 문화적, 정치적 전통은 어떻게 형성되었으며 또 어떻게 상호작용하였는가를 알면 세상을 폭넓게 바라볼 수 있어요. 역사는 우리가 사는 세상을 제대로 이해하고 더 나은 방향으로 나아가게 하는 힘이 되어 주지요.

세계사를 알면 한국사 또한 더 재미있어져요. 우리나라의 역사도 세계사의 거대한 흐름과 맞물려 있기 때문이에요. 우리가 굴욕적으로 알고 있는 강화도 조약, 을미사변을 우리 역사 안에서만 보면 사건의 실상을 다 알 수 없어요. 당시 청과 일본, 러시아와의 관계, 각국의 경제 상황까지 함께 들여다보아야 사건의 원인과 결과를 자세하게 알 수 있어요. 이렇게 했을 때 과거의 일을 반면교사 삼아 같은 실수를 반복하지 않을 수 있어요.

이 책은 프로그램에서 방영되었던 방대한 역사적 사건들 중 초등학생이 꼭 알아야 할 필수적인 이야기를 엄선했어요. 이 책을 통해 어린이 독자 여러분들은 온택트 세계 여행을 하며 한 꺼풀 더 벗겨 낸 세계사의 진짜 모습을 볼 수 있을 거예요. 세계사를 처음 접하는 어린이 독자 여러분에게 이 책이 좋은 길잡이가 되길 바랍니다.

 제작진

등장인물

최항해

세계대학교 서양사학과 교수

- 대항해 시대와 라틴 아메리카사를 오랫동안 연구해 온 집념의 역사학자
- 평소에는 과묵하지만, 탐험과 항해 이야기라면 2박 3일도 쉬지 않고 얘기할 수 있는 최강 수다쟁이

라울
한국에서 외국인 학교를 다니고 있는 에스파냐 소년. 투우를 좋아하고 에스파냐 문화에 대한 자부심이 강한 세 번째 여행 메이트!

샬럿
라울과 같은 학교 같은 반인 탐험가를 꿈꾸는 영국 소녀. 호기심이 많지만, 주변에 휩쓸리지 않는 냉철한 판단력을 가진 세 번째 여행 메이트!

공차연
얌전하고 새침해 보이지만
운동장에 나가면 누구도
따라올 수 없는 숯돌이 공격수.
반전 매력 폭발!

강하군
세계사를 배경으로 한 게임에
푹 빠진 겜돌이. 엉뚱한
상상력으로 퀴즈 정답을
맞히는 은근 최상위권!

왕봉구
모든 걸 음식과 연결해 생각하는
먹방 유튜버. 세계 최고 요리사,
'왕 셰프'를 꿈꾸지만 지금은
이름 때문에 '왕방구'가 별명!

차례

등장인물 소개 • 6
프롤로그 • 10

1부 콜럼버스의 신항로 개척과 문명 파괴의 역사

- **1장** 콜럼버스와 신항로 개척의 꿈 • 20
- **2장** 정복자들의 아메리카 대륙 침투 • 38
- **3장** 대재앙을 불러온 '콜럼버스의 교환' • 54

2부 절대 왕정의 등장과 엘리자베스 1세

- **1장** 강력한 왕의 시대, 절대 왕정의 등장 • 72
- **2장** 준비된 왕, 엘리자베스 1세 • 86
- **3장** 해가 지지 않는 나라, 영 제국의 시작 • 100

에필로그 • 116

tvN
〈벌거벗은 세계사〉
방송 시청하기

→ 17화

→ 20화

✈ 역사 정보

❶ 시대 배경 살펴 보기 • **120**
❷ 인물 다르게 보기 • **122**
❸ 또 다른 역사 인물들 • **124**
❹ 오늘날의 역사 • **126**
• 주제 마인드맵 • **128**

✈ 벌거벗은 세계사 퀴즈

• 콜럼버스의 신항로 개척 편 • **130**
• 엘리자베스 1세 편 • **132**
• 정답 • **134**

사진 출처 • **135**

"봉구야, 우리 세계사 여행이 언제부터 미식 여행이 됐어?"

공차연이 어이가 없다는 듯 왕봉구에게 말했어요.

"코너 속의 코너랄까? 세계사 공부도 하고 음식 공부도 하면 좋잖아. 그런데 헤드폰 쓴 쟤는 누구? 네 친구야?"

왕봉구의 말에 여자아이가 헤드폰을 벗으며 말했어요.

"내 이름은 샬럿이야. **영국**에서 태어났고, 지금은 한국에서 외국인 학교에 다니고 있어. 잘 부탁해."

"반가워, 샬럿! 나는 공차연이야. 나, 네가 입은 티셔츠의 마크 알아. 너도 **축구** 좋아하는 거 맞지?"

"응. 너도 축구공 좀 차는구나? 딱 보면 알아."

샬럿과 공차연이 얘기하는데 강하군이 끼어들었어요.

"맞아, 맞아! 차연이는 우리 학교 득점 왕이야. 나는 게임 왕 강하군, 그리고 유튜브 하는 저 녀석은 방구 왕 왕봉구."

"야! 방구 왕이라니! 난 왕 셰프를 꿈꾸는 왕봉구거든!"

왕봉구가 펄쩍 뛰며 소리를 질렀어요. 그러자 히스토리 에어라인을 구경하던 투우사 옷을 입은 남자아이가 깜짝 놀라 샬럿에

게 스르르 다가와 물었어요.

"이거 우리가 탈 히스토리 에어라인 맞지? 애들 왜 싸워?"

"싸우는 거 아니고 티격태격. 너도 자기소개해. 난 다 했어."

샬럿이 빠르게 분위기를 정리해 말해 주자 라울이 자기소개를 시작했어요.

"난 **에스파냐**에서 온 라울이야! 샬럿이랑 같은 반이야. 이 투우사 옷, 멋있지? **투우**는 에스파냐에서 엄청 인기 있는 전통 스포츠야. 너희한테 알려 주고 싶어서 입고 왔어. 에스파냐에는 투우 말고도 자랑할 게 굉장히 많아! 음식도 맛있고, 날씨도 정말 좋고. 가 보면 너희도 푹 빠질걸? 아무튼 함께 여행하게 돼서 기뻐. 나, 어젯밤엔 히스토리 에어라인 탈 생각에 잠이 안 오더라고. 나중에 졸면 안 되는데 말이야."

라울이 신나서 떠들자 샬럿이 아이들에게 조용히 말했어요.

"얘들아, 미안. 쟤는 한 번 말을 시작하면 끝이 없어."

바로 그때, 히스토리 에어라인 탑승구의 문이 열렸어요. 그리고 탐험 모자를 쓴 남자가 성큼성큼 계단을 내려오며 우렁찬 목소리로 말했어요.

"**대항해 시대**로 떠나는 탐험대가 된 여러분을 환영합니다!"

"대항해 시대는 내가 좋아하는 게임 제목인데, 오, 감이 와! 이번 여행지는 에스파냐야. 대항해 시대 게임 시작할 때 배경이 에스파냐거든!"

강하군의 말을 들었는지 남자가 말했어요.

"네! 그렇습니다. 이번 세계사 여행의 출발지는 에스파냐입니다. 저는 대항해 시대 탐험대를 이끌 최항해 교수이고요."

"우아! 교수님, 모자가 너무 멋져요. 꼭 탐험가 같아요!"

샬럿의 말에 교수님은 눈을 찡끗 하고는 말을 이었어요.

"멋지다고 해 주니, 감사합니다. 저처럼 탐험 모자를 쓴 유럽인들이 15~17세기 무렵 배

여러분, 오늘의 여행지는 강하군의 말처럼 에스파냐일까요?

앗싸! 이제 나는 대항해 시대 게임의 고수!

를 타고 전 세계를 탐험했답니다. 이들은 새로운 바닷길을 개척하며 그전에는 알지 못했던 땅을 찾아 다녔지요. 그래서 이 시기를 대항해 시대라고 해요."

최항해 교수님이 말을 이어 가는데, 라울이 끼어들었어요.

"교수님, 여기서 계속 이야기해 주실 거예요? 히스토리 에어라인은 안 타나요? 저 진짜 빨리 타 보고 싶은데……."

"아차차! 당연히 타야죠. 내가 **탐험** 얘기만 나오면 정신이 없어서 그만. 자, 대항해 시대 탐험대, 탐험선에 승선!"

아이들은 최항해 교수님을 따라 히스토리 에어라인에 탑승하기 시작했어요.

히스토리 에어라인은 배처럼 꾸며져 있었어요. 처음 탑승한 샬럿과 라울은 물론 강하군, 공차연, 왕봉구도 확 달라진 히스토리 에어라인을 둘러보느라 바빴어요. 최항해 교수님은 신기해하는 아이들을 흐뭇하게 보며 말했어요.

"이번 세계사 여행에서는 콜럼버스의 항해와 그로부터 시작된 문명의 파괴, 식민지 제국의 탄생 이야기를 벌거벗겨 볼 거예요. 얼른 여러분에게 이야기를 들려주고 싶군요. 바로 출발하겠습니다. 대항해 시대 탐험대, 닻을 올려라!"

HISTORY AIRLINE

1부
콜럼버스의 신항로 개척과 문명 파괴의 역사

FROM S.KOREA   TO ESPAÑA

Boarding Pass

❶ 콜럼버스와 신항로 개척의 꿈
❷ 정복자들의 아메리카 대륙 침투
❸ 대재앙을 불러온 '콜럼버스의 교환'

에스파냐

국가명	에스파냐 왕국
수도	마드리드
민족	라틴족
먹을거리	파에야, 감바스 알 아히요, 추로스
종교	가톨릭교(74% 이상)
언어	에스파냐어

세계사
- 바르톨로메우 디아스, 희망봉 도착 **1488년**
- 콜럼버스, 카리브해 섬 도착 **1492년**
- 콜럼버스 사망 **1506년**

기원후

한국사
- **1485년** 〈경국대전〉 완성, 반포
- **1506년** 연산군 폐위, 중종 즉위

15세기 무렵, 유럽인들은 새로운 세계로 나가고자 하는 열망으로 들끓고 있었어요. 마르코 폴로가 쓴 〈동방견문록〉을 읽으며 아시아에 대한 호기심을 키웠고, 지리학과 천문학, 항해술이 발달하면서 점점 더 먼바다로 향했어요. 콜럼버스는 신항로를 개척해 대항해 시대의 영웅이 되었어요. 하지만 이 개척은 잔인한 침략사의 시작점이 되었답니다. 동전의 양면 같은 유럽인들의 대항해 시대 이야기, 만나 볼까요?

대한민국

아스테카 제국
멸망
1521년

마젤란 함대,
세계 일주 성공
1522년

피사로,
잉카 제국 침입 시작
1531년

잉카 제국
멸망
1572년

1519년
기묘사화

1장 콜럼버스와 신항로 개척의 꿈

여러분, 우리는 지금 에스파냐 안달루시아 지방, 그중에서도 세비야에 도착했습니다. 세비야는 안달루시아의 심장이라고 불리는 도시예요. 로마 시대부터 안달루시아 지방의 중심지로 번창했고, 대서양으로 흐르는 과달키비르강이 있어 대항해 시대에는 무역의 중심지 역할을 했지요.

세비야는 특히 우리가 에스파냐 하면 떠올리는 소싸움인 투우, 화려하고 격렬한 춤과 음악이 어우러지는 플라멩코가 시작된 곳이랍니다. 그리고 세비야에는 유럽에서 세 번째로 큰 성당인 세비야 대성당이 있어요. 이 대성당에는 이번 세계사 여행의 주제인 대항해 시대와 관련 있는 한 탐험가가 잠들어 있어요. 바로 크리스토퍼 콜럼버스입니다.

이 관 속에 콜럼버스가 잠들어 있다고?

콜럼버스는 영어식 이름, 에스파냐에서는 콜론, 이탈리아에서는 콜롬보라고 불러.

콜럼버스의 관 →

↑ 콜럼버스로 추정되는 초상화

콜럼버스는 '대항해 시대를 이끈 영웅'이자 '신대륙의 발견자'로 유명해요. 15세기 말 세계사를 바꿔 놓은 항해를 해서 모험과 개척 정신을 상징하는 인물이지요. 하지만 한편에서는 콜럼버스를 '신대륙의 학살자'라고 부르면서 비판하기도 해요. 콜럼버스의 신항로 개척 뒤에 숨겨져 있던 불편한 진실이 하나둘 알려지면서 콜럼버스를 보는 관점이 달라진 것이지요.

콜럼버스는 왜 이렇게까지 극과 극의 평가를 받고 있는 걸까요? 먼저 콜럼버스가 왜 신항로 개척의 꿈을 꾸었는지부터 차근차근 알아보도록 하죠!

후추가 지핀 신항로에 대한 호기심

콜럼버스는 1451년에 이탈리아의 항구 도시 제노바에서 태어났어요. 콜럼버스는 어려서부터 항구를 가득 메운 커다란 배들을 보며 선원이 되길 꿈꿨어요. 하얗고 커다란 돛을 펼친 범선이 들어오는 날이면 향긋한 향신료 냄새와 선원들의 왁자지껄한 이야기 소리가 파도처럼 넘실거렸어요. 머나먼 나라에서 진귀한 상품을 가득 실어 온 배를 직접 보고 있다고 상상해 보세요. 그 풍경을 본 사람이라면 누구라도 선원이 되길 꿈꿨을 겁니다.

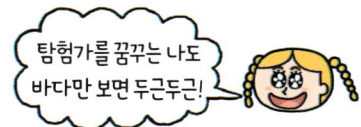

탐험가를 꿈꾸는 나도 바다만 보면 두근두근!

15세기 유럽 국가들은 아시아로 가는 신항로를 개척하는 데 온 관심이 쏠려 있었어요. 아시아의 비단과 향신료를 찾는 사람들이 많았거든요. 특히 인도에서 오는 후추나 정향이 유럽에서 매우 비싸게 팔렸어요. 후추는 한창 비쌀 땐 금값과 맞먹어서 '검은 황금'이라고 불렀어요.

당시 후추는 고기 요리를 즐겨 먹는 귀족들의 식탁에 없어서는 안 될 필수품이었어요. 후추가 고기의 누린내를 없애고, 음식의 맛과 향을 더해 주기 때문이었죠. 후추에 푹 빠진 귀족들은 어떤 값을 치르더라도 후추를 꼭 사고 싶어 했지요.

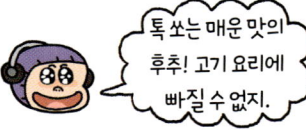
톡 쏘는 매운 맛의 후추! 고기 요리에 빠질 수 없지.

그런데 1453년, 후추를 비롯한 아시아의 상품들을 유럽에 가져오는 길에 문제가 생겼어요. 동로마 제국을 멸망시킨 오스만 제국이 동지중해 연안을 장악하고 동방 무역*을 주도한 거예요. 그러자 유럽인들은 이슬람 세력인 오스만 제국을 거치지 않고 인도로 직접 가는 새로운 바닷길을 찾고 싶었어요.

> **동방 무역**
> 유럽의 은과 직물, 인도 및 동남아시아의 비단, 향신료, 상아 등을 사고팔고 하며 서로 바꾸었다.

또 당시 유럽의 베스트셀러였던 〈동방견문록〉도 새로운 바닷길 개척에 대한 열망을 드높였어요. 〈동방견문록〉에는 유럽인의 아시아에 대한 호기심을 불러일으키고, 환상을 갖게 할 내용이 있었지요.

새로운 바닷길을 찾기 위해 대서양과 인접한 에스파냐와 포르투갈 쪽으로 사람들이 모여들었어요. 그리고 그중엔 제노바에서 어린 시절부터 신항로를 찾는 데 관심을 가졌던 콜럼버스도 있었답니다.

중세 유럽의 베스트 셀러

베네치아 상인 마르코 폴로의 동방 여행 경험 이야기를 기록한 책! 유럽인을 사로잡은 흥미진진한 이야기!

콜럼버스는 이 책을 메모까지 해 가며 열심히 읽었어요. 탐험가가 꿈인 나도 읽었어요. 책 내용을 알려 줄게요.

내가 보고 겪은 아시아는 이러했다오.

중국은 강력한 군주 쿠빌라이 칸이 다스리는 대제국이다. 중국에서는 금이나 은이 아니라 종이 화폐를 쓴다.

→ 마르코 폴로의 아버지와 삼촌의 여행
→ 마르코 폴로의 여행
→ 마르코 폴로 일행의 여행
■ 몽골족이 차지한 지역 (13세기)

유럽, 제노바, 베네치아, 콘스탄티노폴리스, 지중해, 아프리카, 예루살렘, 킵차크한국, 오고타이한국, 차가타이한국, 일한국, 호르무즈, 파미르 고원, 인도, 대도(베이징), 윈난성, 상두, 원, 여진, 고려, 양저우, 항저우, 쉬안저우, 일본, 파간, 인도양

인도에서 가장 좋은 곳은 말라바르다. 진주와 온갖 보석이 넘칠 정도로 풍부하고, 후추도 재배한다.

일본엔 금이 넘쳐 나 지붕이 온통 황금으로 덮여 있었다.

콜럼버스의 항해 계획

포르투갈에 온 콜럼버스는 지도 만드는 일을 하면서 천문학과 지리학, 항해술 등을 배워 나갔어요. 모두 새로운 바닷길을 찾을 때 필요한 지식들이었지요. 그러다 이런 생각을 하게 되었어요.

"지구는 둥그니까 서쪽으로 계속 배를 타고 가다 보면 아시아가 나오지 않을까?"

서쪽 바다, 곧 대서양을 항해하는 것은 당시 그 누구도 시도해 보지 못한 일이었어요. 망망대해 너머에 무엇이 있는지도 알지 못했지요. 콜럼버스는 대서양 건너편에 아시아의 동쪽 끝이 있을 거라고 생각했어요. 그리고 지도와 책을 보며 연구한 끝에 자신의 생각에 대해 확신하게 되었어요.

아시아에 가서 금을 찾을 거야!

"그래! 서쪽 바다는 생각보다 넓지 않아. 해류를 잘 타고, 바람만 잘 불어 준다면 인도는 물론 금이 넘쳐 나는 아시아 나라들에 금방 갈 수 있어!"

콜럼버스는 야심찬 계획을 세웠지만, 인도와 아시아까지 항해하는 데 드는 어마어마한 돈이 문제였어요. 콜럼버스는 자신의 항해에 자금을 대 줄 투자자를 찾기로 결심했어요.

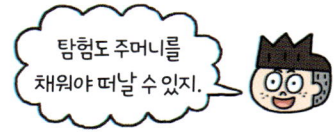

1484년, 콜럼버스는 먼저 포르투갈 왕실을 찾아갔어요. 포르투갈은 당시 신항로 개척과 대양 항해에 가장 적극적인 나라 중 하나였어요. 콜럼버스는 주앙 2세에게 자신이 구상한 항해 계획을 설명하고 당당하게 투자를 요청했어요. 하지만 주앙 2세는 콜럼버스의 이야기에 별 관심을 보이지 않았어요.

포르투갈은 콜럼버스가 계산한 항해 거리를 믿지 않았어요. 게다가 포르투갈은 인도로 가기 위해 이미 아프리카 대륙 남쪽 항로를 개척하고 있었어요.

주앙 2세가 투자를 거절하자 콜럼버스는 에스파냐로 향했어요. 그리고 2년 만인 1486년 6월 에스파냐의 두 왕인 이사벨 1세와 페르난도 2세를 만날 수 있었답니다. 콜럼버스는 자신의 계획을 설

포르투갈 왕 주앙 2세 ↑

명하며, 인도로 가는 신항로를 개척할 경우 에스파냐는 엄청난 이득을 얻을 것이라고 강조했어요. 아시아에 가면 황금이 넘쳐 나는 섬이 있다는 소문도 빼먹지 않고 덧붙였지요.

페르난도 2세와 왕실 자문 위원회는 콜럼버스가 미치광이 사기꾼이라며 관심이 없었지만, 이사벨 1세는 달랐어요. 이사벨 1세는 콜럼버스의 제안이 꽤 그럴 듯하다고 생각했어요. 인도로 가는 아프리카 남쪽 항로를 개척하고 있는 포르투갈과 달리 서쪽 항로를 개척하겠다니 귀가 솔깃했지요. 하지만 이사벨 1세는 선뜻 투자 결정을 내리지 못했어요.

당시 에스파냐 왕실은 그라나다를 점령하고 있는 이슬람 세력과 전투를 벌이고 있었어요. 가톨릭교의 수호자를 자처하는 두 왕에게는 이 전투가 더 중요했어요. 게다가 콜럼버스가 신

↑ 페르난도 2세와 이사벨 1세

항로 개척의 대가로 요구한 조건도 좀 지나쳐 보였어요. 콜럼버스가 선박과 물품 지원뿐만 아니라 바다와 아시아에서 일어나는 모든 일에 대한 재판권을 갖는 총독의 지위, 개척한 땅에서 거둔 수익의 10퍼센트를 달라고 했거든요.

왕실이 투자 결정을 미루는 사이 포르투갈의 탐험가 바르톨로메우 디아스가 아프리카 대륙의 남쪽 끝인 희망봉에 도착했다는 소식이 들려왔어요. 머지않아 포르투갈이 아프리카 대륙을 돌아 인도로 가는 항로를 개척할 거라는 위기감이 생겼지요.

바르톨로메우 디아스 ↑

이사벨 1세는 이슬람 세력과의 전투를 마무리 지으면, 포르투갈에 뒤진 대양 탐사를 따라잡으리라 마음먹었어요. 1492년 1월, 에스파냐는 마침내 그라나다에서 이슬람 세력을 몰아내는 데 성공했어요. 이사벨 1세는 신항로 개척과 가톨릭교 확장을 위해 콜럼버스에게 투자하기로 결정했어요. 콜럼버스는 드디어 꿈에 그리던 신항로 개척의 닻을 올리게 되었어요. 에스파냐에 온 지 무려 7년 만이었지요.

우아, 감격! 기다림 끝에 탐험 시작!

1차 항해와 카리브해 섬

1492년 8월 3일, 에스파냐 팔로스항에 항해를 떠날 선원들이 모였어요. 이들은 모두 90명이었는데, 그중에는 선장과 항해사뿐 아니라 통역사, 의사, 요리사, 목수, 심지어 범죄자도 있었어요. 서쪽 항해는 위험천만한 도전이었어요. 하지만 성공만 한다면 인생역전을 할 수 있었죠. 그래서 잃을 것이 없는 사람들이 행운을 기대하며 항해에 나섰던 거예요.

탐험하는 배에 요리사가 탔다니, 놀라워! 어떤 요리를 했을까?

난 선원들이 모험보다 한몫 잡으려고 모였다는 게 놀라워.

콜럼버스가 이사벨 1세로부터 받은 배는 산타마리아호, 핀타호, 니냐호까지 세 척이었어요. 콜럼버스는 산타마리아호에 올라 서쪽으로 가는 첫 항해의 닻을 올렸어요.

항해는 쉽지 않았어요. 배 세 척 중에서 가장 컸던 산타마리아호는 폭 6.5~8.5미터, 길이 20~25미터로 테니스 경기장만 한 크기에 불과했

← 산타마리아호 모형

어요. 이런 배로 대서양을 건넌다는 건 무모했어요. 또 위생 시설이 거의 없어서 배 안은 오물과 악취로 넘쳐났고 벌레가 득실거렸어요. 신선한 과일과 채소는 꿈도 꿀 수 없었죠. 무엇보다 수십 일이 지났음에도 육지가 보이지 않는다는 사실이 선원들을 불안하게 만들었어요.

　선원들은 힘든 항해를 견디다 못해 폭발했어요. 콜럼버스를 선장 자리에서 끌어내리고, 당장 에스파냐로 돌아가야 한다고 주장하기 시작한 거예요. 콜럼버스는 어떻게든 선원들을 달래야 했지요. 그래서 거짓말까지 했다고 하는데요. 여기서 퀴즈!

선원들을 달래는 콜럼버스

Q. 콜럼버스는 힘들어하는 선원들을 달래기 위해 어떤 거짓말을 했을까요?

마음을 달래는 데는 역시 먹는 게 최고지!
육지에 도착하면 맛있는 걸 사 주겠다고
거짓말을 했을 것 같아!

왕봉구다운 대답이네. 그치만 그 정도론 안 될걸?
조금만 더 가면 된다고 달래지 않았을까?

나라면 에스파냐로 돌아간다고 거짓으로 말하고
사실은 계속 서쪽으로 항해했을 것 같아.

샬럿 의견에 한 표!
집으로 가고 있다고 생각하면 마음이 좀 편해지겠지.

난 사실 정답을 알고 있어!
에스파냐에선 워낙 잘 알려진 얘기거든.
콜럼버스는 항해 거리를 조작했대.

정답! 라울의 말이 맞습니다. 콜럼버스는 선원들을 달래기 위해 항해한 거리를 줄여서 항해 일지에 기록했다고 합니다. 선원들이 "이렇게 오래 항해했는데 아직도 육지가 안 보이다니!"라며 실망하거나 두려워하지 않게 하려는 의도였지요. 콜럼버스의 항해 일지를 한번 볼까요?

> 9월 9일 일요일
>
> 실제로 항해한 거리보다 약간 줄여서 항해 일지에 기록하기로 마음먹었다. 항해가 오래 걸리더라도, 선원들이 놀라거나 낙담하지 않도록 그렇게 하기로 했다.

콜럼버스는 이렇게 거짓말을 하면서 한편으로는 선원들에게 인도에 도착했을 때 누리게 될 부와 명예에 대해서도 끊임없이 말했다고 해요.

"육지다! 육지가 보인다!"

팔로스항을 떠난 지 70여 일이 지났을 무렵, 한 선원이 이렇게 소리쳤어요. 콜럼버스 일행은 마침내 그토록 기다리던 육지를 발견했답니다. 선원들은 멀리 보이는 육지를 보며 크게 환호했어요. 수평선 너머로 희미하게 보이는 육지가 꼭 지상 낙원처럼 느껴졌을 거예요.

콜럼버스는 섬에 상륙한 다음 에스파냐에서 가져온 왕의 깃발을 꽂고 이 땅에 거룩한 구세주라는 뜻의 '산살바도르'라는 이름을 붙였답니다.

콜럼버스는 새로운 땅을 발견했다는 감격에 차서 항해 일지에 이렇게 적었어요.

"이 지역의 섬들은 어디를 먼저 가야 좋을지 모를 정도로, 땅을 비롯한 모든 것들이 매우 푸르고 아름답다."

콜럼버스는 자신이 도착한 이곳이 인도라고 철석같이 믿었어요. 그래서 이 땅을 '인디아'라고 부르고, 이곳에 사는 원주민들을 '인디언'이라고 불렀어요. 하지만 이곳은 사실 나중에 '아메리카'라고 불릴 지역의 일부였어요. 산살바도르라고 이름 지은 섬은 카리브해의 한 섬이었지요.

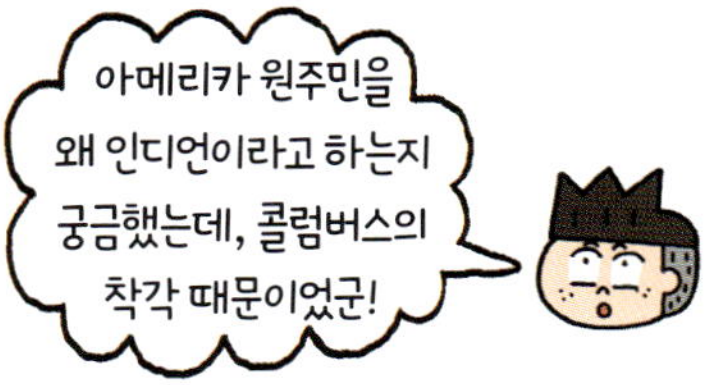

아메리카 원주민을 왜 인디언이라고 하는지 궁금했는데, 콜럼버스의 착각 때문이었군!

콜럼버스가 이곳에 닿았다는 사실은 유럽인의 시각에서 보면 '신대륙 발견'을 한 역사적인 순간이었죠. 그런데 세계사의 흐름을 바꾼 중대한 사건의 주인공인 콜럼버스는 죽을 때까지도 자신이 아메리카에 도착했다는 걸 알지 못했답니다. 왜 그랬을까요?

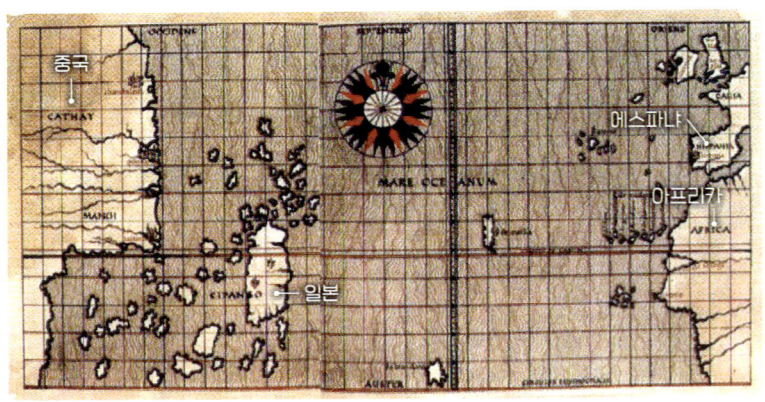
↑ 토스카넬리의 지도

 콜럼버스는 항해 계획을 세울 때 토스카넬리*의 지도를 참고했어요. 그런데 이 지도에는 아메리카 대륙이 없어요. 당시 유럽인들은 유럽과 아시아 대륙 사이에 거대한 아메리카 대륙이 있을 거라고는 상상조차 못했거든

> **토스카넬리**
> 15세기 말 이탈리아 피렌체의 천문학자이자 지리학자.

요. 콜럼버스는 이 지도를 보고 유럽에서 서쪽으로 가기만 하면 인도, 아시아에 닿을 수 있을 거라고 생각했답니다. 그래서 오랜 항해 끝에 도착한 이 섬들이 아시아 대륙, 인도의 일부라고 믿었던 것이지요.
 여기서 잠깐 콜럼버스가 왜 인도로 가는 항로를 개척하려고 했는지 생각해 볼까요? 인도는 유럽인들에게 인기 있었던 후

추, 비단 등이 있는 곳이에요. 이슬람 세력인 오스만 제국을 거치지 않고 바로 인도, 아시아와 교역하는 길을 찾는다면, 큰돈을 벌 수 있었지요. 콜럼버스의 신항로 개척의 목표는 결국 큰돈을 버는 데 있었던 거예요. 목표가 여기에 있었기 때문에 콜럼버스는 자신이 신대륙에 도착했을 가능성은 생각하지도 않았던 거예요.

어쨌든 콜럼버스의 신항로 개척으로, 지금까지 서로를 알지 못했던 유럽과 아메리카, 두 세계의 만남이 이뤄졌어요. 그리고 한편에서는 위대한 발견, 다른 한편에서는 잔인한 침략이라고 생각하는 역사가 전개됩니다. 그 이야기는 다음 장소로 가서 해 볼게요.

2장 정복자들의 아메리카 대륙 침투

우리가 지금 온 곳은 멕시코의 수도 멕시코시입니다. 멕시코시는 높이 2,239미터의 고지대에 있는 도시예요. 한라산보다 높은 곳에 있는 이 도시는 신대륙 발견 혹은 침략의 역사 중심지 중 하나예요. 아스테카 제국의 수도 테노치티틀란이 바로 이곳에 있었거든요.
　멕시코시에는 아스테카 문명의 흔적과 에스파냐 식민지 시대의 문화가 공존하고 있어요. 도시 중심부에 있는 소칼로 광장을 한번 둘러볼까요? 아스테카 문명의 대신전 터와 도시 유적, 식민지 시대에 세워진 유럽풍의 건물들이 소칼로 광장에 그대로 남아 있는 걸 볼 수 있지요.

우리는 멕시코시에서 콜럼버스의 신항로 개척 이후 벌어진 비극적인 역사를 벌거벗겨 볼 거예요. 먼저 비극의 서막이 된 콜럼버스가 아메리카에 발을 내딛었던 순간으로 돌아가 이야기를 시작해 보겠습니다.

에스파냐 영웅의 귀환과 2차 항해

콜럼버스가 온갖 고생을 하면서 항해를 한 이유는 아시아에서 나는 진귀한 물건들을 에스파냐로 가져가기 위해서였어요. 향신료뿐 아니라 황금이 잔뜩 있다는 섬도 찾아 자신에게 투자한 이사벨 1세에게 보고할 의무가 있었죠. 콜럼버스는 과연 이곳에서 원하는 것을 발견할 수 있었을까요?

산살바도르에 도착한 후 콜럼버스는 후추와 황금을 찾기 위해 계속해서 탐험을 이어 갔어요. 지금의 쿠바 북부 해안과 아이티와 도미니카 공화국이 있는 이스파뇰라 섬까지 샅샅이 뒤졌어요. 콜럼버스는 원주민들에게 몇 번씩이나 황금이 있는 곳을 물어보았고, 대합조개를 발견하고는 진주가 있을 만한

콜럼버스의 항해 ↑

곳을 살펴보기도 했어요. 무엇이든 돈이 되는 걸 찾으려고 애를 쓴 거예요.

콜럼버스는 수일 동안 탐사를 했지만 향신료와 〈동방견문록〉에 묘사된 엄청난 양의 황금을 발견하지 못했어요. 황금이라고는 원주민들이 갖고 다니는 작은 장신구 정도가 전부였죠. 콜럼버스는 원하는 것을 얻지 못한 채 에스파냐로 돌아가야 했어요.

콜럼버스는 이스파뇰라 섬의 한 마을에 '라 나비다드'라고 하는 요새를 지은 다음, 선원 39명을 남겨 두고 귀환 길에 올랐어요. 돌아오는 배 안에서 콜럼버스

라 나비다드
유럽인이 아메리카에 세운 최초의 식민지 도시. 에스파냐어로 크리스마스를 뜻한다.

는 에스파냐 왕들에게 이런 편지를 썼답니다.

"제가 발견한 대륙은 무한에 가깝습니다. 땅은 기름지고 인구도 많습니다. 각종 희귀한 산물이 풍부할 뿐만 아니라 금광들도 있습니다. 향신료 역시 전하가 요구하는 만큼 얼마든지 있습니다."

사실을 부풀린 과장이었죠. 콜럼버스는 이번 항해에서는 발견하지 못했지만, 어딘가에 금이 있을 거라고 확신했어요. 그래서 다음 항해 때도 투자를 받기 위해 과장을 섞어서 보고했어요.

헐! 뻥이 너무 심한데?

1493년 3월 13일, 팔로스항으로 돌아온 콜럼버스는 에스파냐의 영웅이 되어 있었어요. 콜럼버스가 1차 항해에서 데려온 원주민들과 앵무새를 보려고 많은 사람들이 몰려들었죠. 콜럼버스는 이사벨 1세 옆에서 자기가 겪은 모험담을 직접 들려주기도 했어요. 그 누구도 콜럼버스의 말이 과장이라거나 거짓이라고 생각하지 못했어요. 그가 신항로를 개척했다는 건 부인할 수 없는 사실이었으니까요. 에스파냐의 두 왕 역시 콜럼버스의 말을 철석같이 믿었어요. 에스파냐 왕실은 콜럼버스를 새로 발견한 섬들의 총독으로 임명했답니다.

1493년 9월 25일, 콜럼버스는 2차 항해에 나섰어요. 이때는 이사벨 1세와 페르난도 2세까지 직접 나와서 콜럼버스를 배

이사벨 1세에게 1차 항해에 대해 보고하는 콜럼버스 ↑

응했답니다. 선단의 규모도 1차 때와는 비교할 수 없을 정도로 컸어요. 17척의 배에는 1,200여 명에 달하는 사람이 나눠 탔고, 그중에는 수공업자와 농부까지 있었어요. 게다가 말과 소, 양과 같은 가축은 물론 밀과 채소, 과일 씨앗도 챙겼어요.

콜럼버스는 왜 이런 것들까지 챙겨 갔을까요? 두 번째 항해의 가장 큰 목적이 '정착 식민지 건설'이었기 때문이에요. 원주민과 거래하거나 황금을 찾아 가져오는 데 그치지 않고, 에스파냐인들을 그곳에 정착시켜 거대한 영토와 원주민을 직접 지배하려는 계획이었던 거예요. 이제 콜럼버스는 탐험가가 아닌 명예와 권력을 가진 총독이 되어 두 번째 항해를 시작했어요.

탐험가에서 정복자가 된 콜럼버스

콜럼버스는 먼저 1차 항해 때 선원들을 남기고 온 이스파뇰라 섬으로 갔어요. 그런데 도착하자마자 충격을 받게 된답니다. 선원 세 명의 시신을 발견했거든요.

'대체 나 없는 동안 무슨 일이 있었던 거지?'

깜짝 놀란 콜럼버스는 섬을 수색했지만, 선원은 단 한 명도 보이지 않았어요. 라 나비다드 요새도 처참하게 파괴되어 있었죠. 콜럼버스가 에스파냐로 돌아간 사이에 선원들이 모두 살해당했던 거예요.

한 부족장은 콜럼버스에게 선원들이 금을 지나치게 탐하다가 주변 부족들에게 살해당했다고 말했어요. 하지만 그 사이에 무슨 일이 있었는지는 사실 아무도 몰라요.

이 사건을 계기로 콜럼버스의 원주민을 대하는 태도는 완전히 달라졌어요. 식민 도시를 건설하는 데 원주민들을 강제로 동원해 노예처럼 마구 부렸어요. 또 콜럼버스는 원하는 금광을 찾지 못하자 원주민들에게 직접 금을 찾아 가져오라고 시켰어요. 그리고 정해 준 양을 채우지 못한 원주민은 본보기로 손목을 자르기까지 했어요.

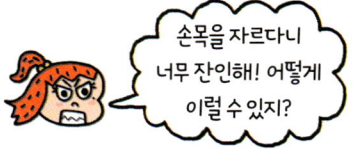
손목을 자르다니 너무 잔인해! 어떻게 이럴 수 있지?

콜럼버스는 이곳에서 금과 향신료를 얻을 수 없다는 걸 깨달았어요. 돈이 될 만한 다른 걸 찾아야 했지요. 그래서 원주민을 유럽에 노예로 파는 노예 무역까지 생각했답니다.

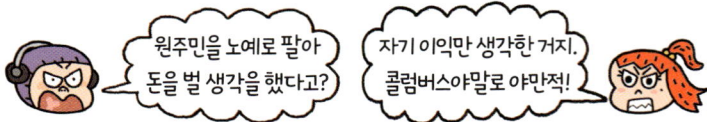

1494년 콜럼버스는 이사벨 1세에게 식민지 사업이 잘되고 있다는 증거로 원주민 550명을 노예로 보냈어요. 그토록 자신했던 금과 향신료는 그냥 말로만 엄청나게 많다고 보고하고요. 콜럼버스는 2차 항해에서도 원주민을 노예로 파는 것 외에는 이익이 될 만한 것을 찾지 못했던 거예요.

에스파냐 왕실은 콜럼버스에 대한 신뢰를 거두기 시작했어요. 콜럼버스는 반드시 금을 찾겠다는 각오로 3차 항해를 떠났지만, 아무런 성과를 내지 못했어요. 문제는 또 있었어요. 콜럼버스가 식민지에서 일어난 반란을 제압하지 못한 거예요. 콜럼버스는 죄수처럼 쇠사슬에 묶여 에스파냐로 돌아왔어요.

에스파냐 왕실은 식민지에서 이익을 가져오지도 못하고, 식민지를 다

스릴 능력도 없는 콜럼버스를 더 이상 신뢰하지 않았어요. 이사벨 1세의 지원으로 간신히 4차 항해를 했지만, 귀환 후 콜럼버스는 에스파냐 왕실에 보고할 기회를 얻지 못했어요. 1504년 이사벨 1세가 사망하자 페르난도 2세는 더 이상 콜럼버스의 항해를 지원하지 않았어요. 결국 1506년 콜럼버스는 에스파냐 바야돌리드에서 쓸쓸하게 죽음을 맞이했어요.

쯧쯧. 그러게 뻥을 적당히 쳤어야지.

콜럼버스가 사망하고 몇 년 후, 콜럼버스가 도착한 땅이 인도가 아니라는 게 밝혀졌어요. 이탈리아의 탐험가인 아메리고 베스푸치가 카리브해를 탐사하면서 이곳이 인도의 해안선과 다르다는 생각을 했어요. 그리고 이곳이 아시아가 아닐 수도 있다고 기록을 남겼어요. 나중에 베스푸치의 주장은 사실로 밝혀졌고, 그의 이름을 따 그 대륙을 아메리카라고 했지요.

콜럼버스는 인도라고만 믿어서 신대륙에 자기 이름을 붙일 기회를 놓쳤네.

콜럼버스의 항해는 초라하게 막을 내렸지만, 콜럼버스가 개척한 항로를 따라 에스파냐의 많은 탐험가들이 아메리카로 향했어요. 콜럼버스가 유럽인으로는 처음 도착한 카리브해의 섬들은 잔혹한 식민지화의 출발지가 되었죠. 본격적인 아메리카 정복의 시대가 시작된 거예요.

아메리카 정복의 시작

에스파냐의 탐험가들은 아메리카 대륙이 주인 없는 땅이라고 생각했어요. 대륙 곳곳을 누비면서 깃발을 꽂고는 이제부터는 이 땅을 자신들이 통치하겠다고 선포했어요. 하느님과 에스파냐 국왕의 이름을 걸면서요. 원래부터 이 대륙에 살고 있었던 원주민들을 완전히 무시하는 행위였지요.

이 무렵 아메리카 대륙으로 건너간 탐험가들을 '콘키스타도르'라고 불러요. 에스파냐어로 정복자라는 뜻인데, 그들이 한 일을 생각하면 황금에 눈이 먼 도둑이나 학살자라고 부르는 게 더 어울릴 거예요. 그중에 가장 잘 알려진 인물이 바로 에르난 코르테스랍니다.

↑ 에르난 코르테스

코르테스는 야심이 어마어마한 인물이었어요. 코르테스는 1511년부터 콜럼버스가 정착 식민지로 삼은 쿠바에 머물며 황금이 많다고 소문난 아스테카 제국에 대한 정보를 모았어요. 그는 오로지 황금과 보물을 차지할 생각뿐이었어요.

1518년, 코르테스는 내륙 원정대 대장으로 임명되었어요. 하지만 쿠바 총독이었던 벨라스케스가 코르테스의 야심을 알아채고는 코르테스의 지휘권을 박탈해 버렸어요. 아마 식민지 정복의 공을 코르테스에게 전부 빼앗길까 두려웠던 모양이에요. 하지만 코르테스는 얌전히 물러날 사람이 아니었어요.

1519년 2월, 코르테스는 총독의 명령을 어기고 열한 척의 배에 에스파냐인과 병사 500여 명, 말 12필 등을 태워 쿠바를 떠났어요. 그리고 멕시코 동부 해안가인 베라크루스에 상륙하자마자 열한 척의 배를 모두 침몰시켜 버렸다고 해요. 목표를 달성하기 전까진 절대 돌아가지 않겠다는 강력한 의지를 표현한 거예요.

> 돌아갈 배 한 척도 남기지 않다니! 야심이 대단해.

코르테스는 곧장 아스테카 제국이 있는 멕시코 내륙으로 진격했어요. 가는 도중에 만난 원주민 부족은 제압하기도 하고 동맹을 맺기도 했어요. 아스테카 제국과 맞서려면 동맹이 많을수록 유리하니까요.

특히 아스테카 제국과 철천지원수 관계에 있었던 틀락스칼라 부족은 코르테스 원정대의 든든한 동맹군이 되었어요. 그들은 통역과 길잡이를 자처하며 코르테스 원정대를 테노치티틀란으로 안내했어요.

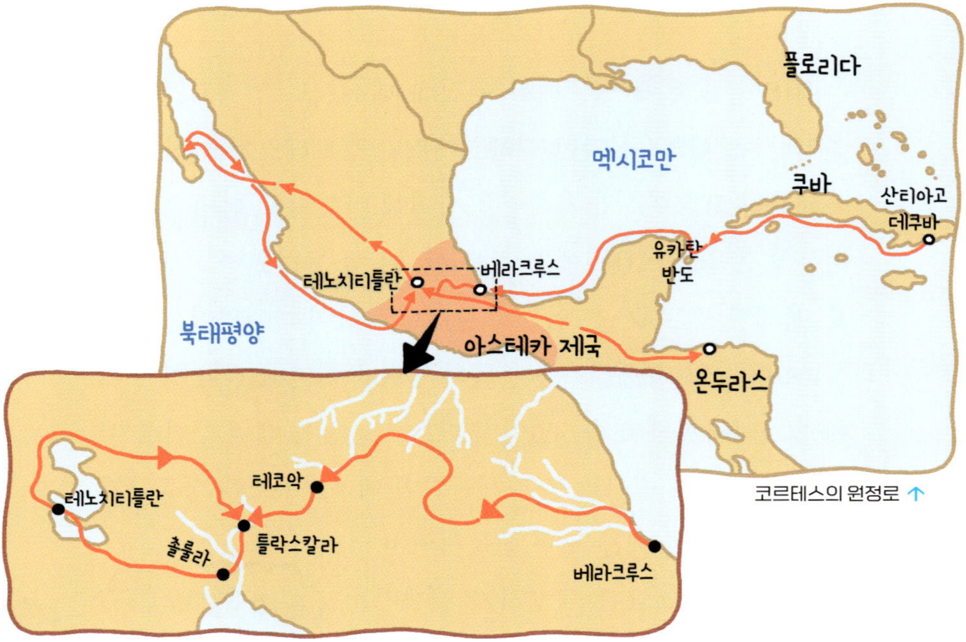

코르테스의 원정로 ↑

코르테스의 테노치티틀란 입성

　내륙을 관통하며 크고 작은 전투를 치른 코르테스 원정대는 1519년 11월 마침내 아스테카 제국의 수도인 테노치티틀란에 도착했어요. 오늘날 멕시코시에 위치했던 테노치티틀란은 텍스코코 호수 위에 세워진 도시로, 인구가 약 20만에 달하는 엄청난 대도시였어요. 테노치티틀란에는 웅장한 신전과 궁궐, 넓고 곧게 뻗은 도로와 운하, 곳곳으로 물을 공

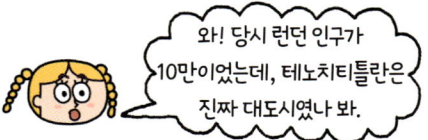

와! 당시 런던 인구가 10만이었는데, 테노치티틀란은 진짜 대도시였나 봐.

급하는 수로, 금과 은, 황동 등으로 만든 장신구를 사고팔며 부족함 없이 사는 사람들이 있었어요. 아스테카 제국은 뛰어난 건축술과 문명을 가진 부유하고 강력한 나라였던 거예요.

　코르테스는 아스테카 제국을 제압하는 건 어림없으니 황금만 빼앗아 돌아갈 궁리를 했어요. 그런데 이때 코르테스는 묘한 상황을 맞이하게 돼요. 아스테카 제국의 황제 목테수마 2세가 1천여 명의 시민들과 함께 도시의 입구까지 직접 나와 코르테스 원정대를 정중히 맞이한 거예요. 여기서 퀴즈!

Q 아스테카 제국의 황제 목테수마 2세와 시민들은 왜 코르테스 원정대를 환영한 걸까요?

작전 아닐까요? 방심하게 만든 다음 갑자기 공격하는 거죠! 기회를 엿보다가 갑자기 공격하는 건 축구에서도 잘 쓰는 전술이거든요!

그냥 싸우기 싫었던 거 아닐까?
적당히 잘 달래서 돌아가게 하는 게 서로 좋잖아.

내 생각엔 상황을 봐서 음식에 독을 넣을 계획이었던 것 같아. 맛있는 음식 앞에선 누구나 마음이 몽글몽글해진다고.

너, 진짜 먹는 거 좋아하는구나.
이 상황에서도 먹는 생각, 진짜 대단!

콜럼버스가 이스파뇰라 섬에 처음 도착했을 때, 원주민들이 선물을 줬던 이유가 뭐였죠?

아! 아까 라울이 그랬잖아. 하늘에서 내려왔다고 생각했다고! 설마 코르테스도 하늘에서 온 사람, 신과 같은 존재라고 생각한 거예요?

정답! 목테수마 2세는 코르테스 원정대를 전설 속에 나오는 '케찰코아틀'의 사절단으로 생각했어요. 케찰코아틀은 '하얀 신'이라고도 불리며, 언젠가 때가 되면 바다를 건너 돌아온다고 전해져 오는 신이에요. 그런데 하얀 피부의 코르테스가 바다를 건너왔으니, 케찰코아틀이 보낸 사절단이라고 착각한 것이지요.

코르테스를 환영하는 목테수마 2세 ↑

　목테수마 2세는 코르테스 원정대를 신의 사절단으로 여겨 환영했고, 원정대에게 잠자리와 먹을 것을 제공했어요. 코르테스에게는 갖가지 보석과 장신구, 옷 등을 선물로 주며 극진히 대접했어요. 그러나 이 만남 후, 수천만 인구를 거느린 거대한 아스테카 제국은 한순간에 무너지고 말아요. 어떻게 이런 일이 일어날 수 있었을까요? 코르테스가 테노치티틀란으로 입성한 이후 어떤 일들이 일어났는지 다음 장소로 가서 알아보도록 해요.

3장 대재앙을 불러온 '콜럼버스의 교환'

우리가 온 곳은 멕시코시에 있는 국립 인류학 박물관입니다. 라틴 아메리카 최고의 인류학 박물관으로 손꼽히는 곳이지요. 이곳에 가면 아스테카, 마야 등 멕시코에 있었던 옛 문명의 유물과 원주민들의 생활상을 재현한 민속품 등을 볼 수 있어요. 이제는 볼 수 없는 옛 멕시코의 역사가 숨 쉬는 곳이라 할 수 있지요.

에스파냐 정복자들과 아스테카 제국의 만남은 세계사의 흐름을 바꾼 아주 중요한 사건이에요. 사건의 과정은 매우 폭력적이고 파괴적이었으며 결과는 일방적인 비극이었지요. 콜럼버스의 신항로 개척으로 시작된 정복과 침략의 역사는 결국 아스테카 제국과 잉카 제국의 멸망이라는 대재앙으로 이어지고 말았답니다. 자, 다시 코르테스가 테노치티틀란으로 입성하던 그날로 가 볼까요?

여러분, 이것이 아스테카 제국의 대신전입니다.

피라미드처럼 생겼네.

우아, 웅장해!

아스테카 제국의 멸망

코르테스는 목테수마 2세에게 황금을 선물로 받았지만, 그걸로 만족할 수 없었어요. 더 많은 황금을 챙기고 아스테카 제국을 정복할 방법을 고민했어요. 그리고 일주일 뒤 황제를 자기 집으로 불러들였어요. 황제를 인질로 잡으면, 아스테카 제국의 막강한 군대와 싸우지 않고도 제국 전체를 지배할 수 있으리라 생각한 거예요.

코르테스의 예상은 적중했어요! 코르테스는 목테수마 2세를 손에 넣고 아스테카 제국을 마음대로 통치하기 시작했어요. 그런데 갑자기 다급한 소식이 들려왔어요. 쿠바 총독이 명령을 어긴 코르테스를 체포하기 위해 군대를 보낸 거예요.

코르테스는 부하들을 조금 남겨 두고 총독이 보낸 군대와 맞서기 위해 멕시코 동쪽 해안으로 갔어요. 그런데 코르테스가 자리를 비운 사이 그만 큰 사건이 일어나고 말아요. 코르테스의 부하들이 아스테카인

600여 명을 학살한 거예요! 축제 준비를 반란 준비로 오해해서 벌인 일이었죠. 이 사건에 분노한 아스테카인들은 강력히 반발하기 시작했어요. 코르테스가 돌아왔을 때, 테노치티틀란은 걷잡을 수 없는 혼란에 빠져 있었어요.

코르테스는 목테수마 2세에게 아스테카인들을 진정시키라고 했어요. 목테수마 2세는 성벽에 올라 저항을 멈추라고 설득하다가 아스테카인들이 던진 돌에 맞아 죽고 말았어요. 아스테카인들은 이미 목테수마 2세에게 등을 돌렸기 때문이에요.

코르테스는 어찌할 수가 없었어요. 1520년 6월 말 격렬한 전투 끝에 코르테스는 손가락 두 개를 잃고 겨우 목숨만 건져 테노치티틀란에서 빠져나왔어요. 그러고는 동맹을 맺었던 틀락스칼라 부족의 근거지로 도망쳤답니다.

틀락스칼라 부족은 왜 침략자의 편에 섰던 걸까요? 아무리 아스테카인과 적대적 관계라고 해도 같은 원주민인데 말이에요. 그 이유를 알려 줄게요.

아스테카 제국에는 사람의 심장과 피를 신에게 제물로 바치는 인신 공양 풍습이 있었어요.

오랫동안 이어진 인신 공양 풍습의 제물이 된 이들은 전쟁 포로나 정복한 부족민이었어요. 아스테카인들은 대신전에서 제의를 마친 뒤 희생된 이들의 해골을 장대에 꿰어 벽처럼 쌓았어요. 이걸 '촘판틀리'라고 해요. 촘판틀리는 신을 위한 제물이자 주변 부족을 향한 강력한 경고였던 거예요.

이 사진은 멕시코 국립 인류학 박물관에 있는 촘판틀리 유적이에요. 모두 진짜 사람의 해골이래요. 아스테카 제국의 이 풍습 때문에 주변 부족들은 반감을 가졌어요. 틀락스칼라 부족은 특히 희생자가 많았기에 코르테스를 적극적으로 도왔던 거랍니다.

코르테스는 그곳에서 다시 전열을 정비했어요. 약 1년 후, 모든 준비를 마친 코르테스는 틀락스칼라 부족과 함께 정복자들을 이끌고 다시 테노치티틀란으로 향했어요.

코르테스는 먼저 텍스코코 호수 주변 부족들을 동맹으로 끌어들였어요. 아스테카 제국에 반감을 갖고 있던 부족들은 코르테스를 적극적으로 도왔어요. 아스테카 인들은 호수 가운데에 있는 테노치티틀란에 고립된 상태에서 주변 부족들과 힘을 합친 코르테스의 공격을 받아야 했지요.

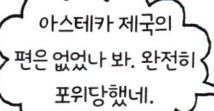

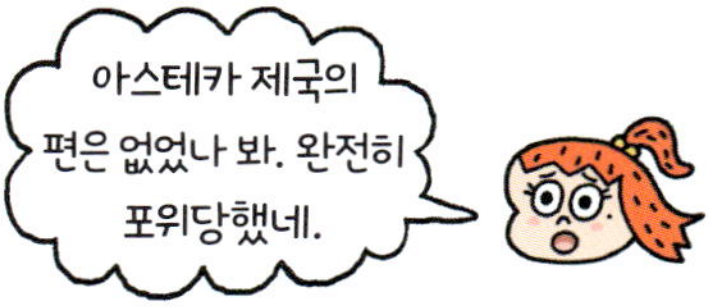

아스테카 제국의 편은 없었나 봐. 완전히 포위당했네.

↑ 코르테스의 테노치티틀란 공격

결국 1521년 8월 13일, 아스테카 제국의 수도 테노치티틀란은 함락되었어요. 그리고 찬란한 문명을 이룩한 거대한 제국, 아스테카도 사라지고 말았어요. 이후 코르테스는 아스테카 제국의 영토를 에스파냐의 식민지로 선포했답니다.

아메리카 대륙의 또 다른 제국, 잉카 제국의 멸망

코르테스가 아스테카 제국을 무너뜨렸다는 소식은 에스파냐에 전해졌어요. 그리고 코르테스가 그곳에서 엄청난 양의 황금을 얻었다는 소식도 콘키스타도르 사이에 퍼져 나갔죠. 코르테스처럼 황금의 나라를 찾고 싶은 이들이 아메리카 대륙 깊숙이 파고들기 시작했어요. 그중에 프란시스코 피사로라는 사람이 있었어요.

↑ 프란시스코 피사로

피사로는 교육을 제대로 받지 못해 글을 읽을 줄 몰랐지만, 전쟁이라면 누구보다 자신 있었어요. 피사로는 몇 차례 아메리카 대륙을 탐사한 끝에 '황금의 나라'를 찾았어요. 바로 잉카 제국이었죠. 피사로는 168명의 원정대를 이끌고 중앙아메리카 파나마를 출발해 1531년 1월 잉카 제국에 입성했어요. 아스테카 제국이 멸망한 지 약 10년 뒤였지요.

잉카 제국의 황금 장신구 ↑

잉카 제국은 지금의 페루와 볼리비아 지역을 아우르는 거대한 제국이었어요. 잉카인들은 해발 수천 미터가 넘는 안데스 산맥에 경이로운 석조 건축 기술로 도시를 세우고, 산비탈에 계단식 밭을 만들어 농사를 지었지요. 여기서 생산되는 작물이 잉카 제국 전체 900만의 인구를 먹여 살리고도 남았다고 하니, 정말 대단하죠?

하지만 피사로는 대제국인 잉카 제국을 두려워하지 않았어요. 자신도 코르테스처럼 잉카 제국을 무너뜨릴 수 있었다고 생각했지요.

파사로의 원정로 ↑

↑ 아타우알파

피사로는 카하마르카에서 잉카 제국의 황제 아타우알파에게 통역사와 신부를 보내 하느님과 에스파냐 왕에게 복종할 것을 요구했어요. 하지만 아타우알파는 이를 거부하며 신부가 건넨 성경을 바닥에 던져 버렸지요. 신부는 깜짝 놀랐어요. 성경을 던져 버리다니요! 에스파냐의 식민지 건설 목표 중 하나는 가톨릭교 전파였잖아요. 피사로는 기다렸다는 듯이 습격을 가해 아타우알파를 사로잡았어요. 갑자기 인질이 되어 방에 갇힌 아타우알파는 당황했어요. 여기서 퀴즈!

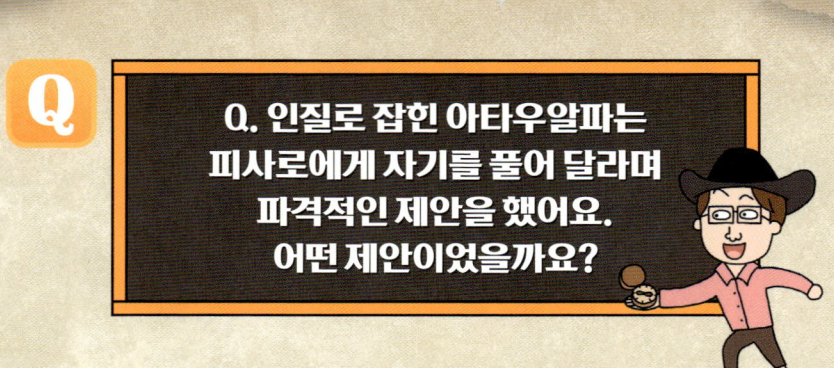

Q. 인질로 잡힌 아타우알파는 피사로에게 자기를 풀어 달라며 파격적인 제안을 했어요. 어떤 제안이었을까요?

 그야 간단하지! 성경을 던진 것 때문에 잡힌 거잖아. 그러니까 이제부터 가톨릭교를 믿겠다고 한 거 아냐?

 신부라면 몰라도 피사로한테는 안 통했을 것 같아. 식민지를 원하니까 넓은 땅?

 피사로는 황금을 찾으러 왔으니까 황금을 줬겠지. 교수님, 황금이요!

 90퍼센트 정답! 황금을 얼마나 준다고 했을까요?

 파격적일 만큼이라면……. 아! 아타우알파가 갇혀 있는 방을 가득 채울 만큼이요!

 정답! 아타우알파는 황금의 나라 잉카 제국의 황제답게 자신이 갇혀 있는 방을 황금으로 가득 채워 줄 테니 자신을 풀어 달라고 했대요.

← 피사로에게 인질로 잡힌 아타우알파

↑ 아타우알파가 황금으로 채웠던 방

　전해지는 얘기에 따르면, 아타우알파는 자신을 풀어 주는 대가로 피사로에게 가로 6.7미터, 세로 5.2미터, 높이 2.4미터 정도 되는 방을 금으로 가득 채워 준다고 했어요. 그리고 실제로 8개월에 거쳐 잉카 제국 전역에서 도착한 황금이 방 안 가득 채워졌어요. 무려 24톤에 달하는 양이었지요.

　피사로는 약속한 황금을 다 받았지만, 아타우알파를 풀어 주지 않았어요. 1533년 7월 아타우알파를 가톨릭교로 개종시킨 다음 죽여 버렸지요. 살려 두면 잉카인들이 반란을 일으킬 거라고 생각한 거예요. 그리고 잉카 제국의 수도 쿠스코로 쳐들어갔어요.

황금도 주고 개종도 했는데 죽이다니. 정말 무서운 피사로!

　결국 잉카 제국은 피사로의 침입 2년 후에 아스테카 제국과 비슷한 운명을 맞이하고 말았어요. 그런데 여러분, 이쯤에서 뭔가 이상하다는 생각이 들지 않나요? 대체 에스파냐 정복자들은 어떻게 자신들보다 엄청나게 많은 원주민을 상대로 손쉽

잉카 제국의 도시였던 마추픽추 ↑

게 승리를 거뒀을까요? 원주민들이 이룩한 찬란한 문명은 왜 이렇게 순식간에 무너진 걸까요? 정말 에스파냐 정복자들의 우수한 무기와 뛰어난 전략 덕분이었을까요?

아메리카 대륙을 무너뜨린 '콜럼버스의 교환'

코르테스를 비롯한 에스파냐의 정복자들이 고작 수백여 명을 이끌고 아스테카, 잉카와 같은 거대한 제국을 무너뜨릴 수 있었던 데에는 크게 세 가지 이유가 있어요.

첫 번째는 무기입니다. 에스파냐 정복자들은 총과 대포를 갖고 있었고, 기병이 있었어요. 아메리카 원주민 병사들은 멀리서도 적을 쓰러뜨릴 수 있는 총을 들고, 말을 타고 다니는 에스파냐 병사들을 보고 깜짝 놀랐어요. 원주민들은 말만큼 크고 빠른 데다가 인간의 명령을 잘 따르는 동물을 본 적이 없었다고 해요. 그래서 말을 정말 두려워했다고 해요.

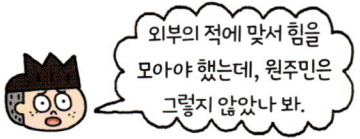
외부의 적에 맞서 힘을 모아야 했는데, 원주민은 그렇지 않았나 봐.

두 번째는 원주민 부족 간의 분열이에요. 그 당시 아메리카 대륙은 부족 간의 갈등이 매우 심했어요. 코르테스가 틀락스칼라 부족과 동맹을 맺은 것처럼 에스파냐의 정복자들은 원주민 부족 사이의 갈등을 정복 전쟁에 적극적으로 이용했죠.

마지막 세 번째는 바로 전염병의 확산입니다. 전염병은 에스파냐 정복자들이 거대한 제국을 정복할 수 있었던 결정적인 이유였어요. 우리나라에서는 '마마'라고 부르기도 하는 '천연두'가 아메리카 대륙에 퍼진 거예요.

천연두는 순식간에 아메리카 원주민 세계를 휩쓸었어요. 원주민들은 자신이 무슨 병에 걸린지도 모른 채 속수무책으로 죽었지요. 1520년 무렵 2,500만여 명이던 중앙아메리카의 원주민은 1600년엔 250만 명으로 급격하게 줄어들었어요. 원주민의 90퍼센트가 천연두로 목숨을 잃은 거예요! 사실상 에스

파냐 원정대와 싸우기도 전에 천연두로 죽었던 거예요.

천연두는 갑자기 어디서 나타난 걸까요? 이건 '콜럼버스의 교환'과 관련이 있습니다. 콜럼버스의 교환이란 콜럼버스가 아메리카 대륙에 처음 도착한 이후에 일어난 두 세계 사이의 생물학적, 문화적 변화를 뜻하는 말이에요.

콜럼버스의 항해 이후 유럽과 아메리카는 서로 많은 영향을 주고받았어요. 우선 아메리카의 콩과 옥수수, 감자, 고추, 바닐라 등 다양한 작물이 유럽으로 전해졌어요. 유럽의 사탕수수와 커피, 올리브, 꿀벌, 양파, 소와 돼지 등의 가축이 아메리카 대륙으로 전해졌죠. 그런데 유럽에서 아메리카로 전해진 것 중엔 의도하지 않은 것도 포함되어

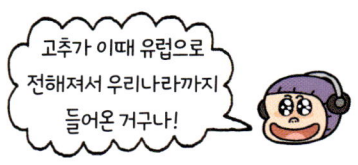

고추가 이때 유럽으로 전해져서 우리나라까지 들어온 거구나!

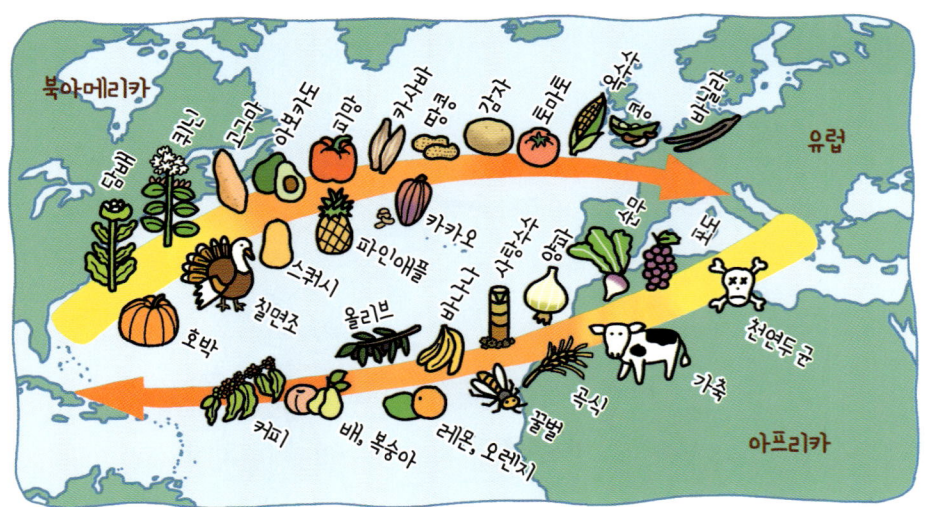
↑ 콜럼버스의 교환

있었답니다. 그게 바로 에스파냐 병사들 사이에 숨어 있다가 무서운 속도로 퍼져나간 천연두 균이었어요.

오래전부터 여러 인종과 다양한 가축이 섞여 살던 유럽인들은 천연두에 대한 면역력이 있었지만, 외따로 떨어진 대륙인 아메리카의 원주민들은 면역력이 전혀 없었어요. 천연두는 원주민들을 초토화시킨 가장 강력한 재앙이었지요.

학살과 전염병으로 원주민들이 사라진 땅에는 에스파냐인 정착민들과 아프리카 노예들이 살게 됩니다. 이후 서로 다른 인종과 문화가 혼합되면서 아메리카의 역사는 완전히 새롭게 쓰여지죠. 콜럼버스의 신항로 개척이 세계사의 흐름을 완전히 바꿨다고 말하는 건 바로 이런 이유 때문입니다.

예전에는 에스파냐 정복자들의 아메리카 정복이 유럽의 기술적·군사적 우위에 따른 결과라고 말하는 사람들이 많았어요. 하지만 그건 정복자, 즉 유럽 중심의 사고일 뿐이에요. 실제로 기술적·군사적 우위가 있다고 해도 다른 세계를 파괴하고 정복하는 게 옳은 일인지는 깊이 생각해 봐야 할 문제겠죠?

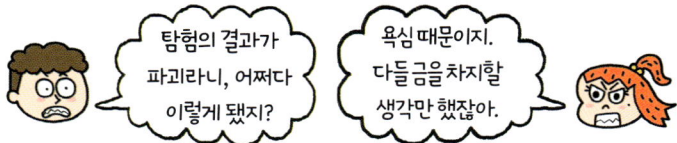

어쨌든 에스파냐는 콜럼버스의 신항로 개척과 정복자들의 식민지 건설 이후 전성기를 누리게 됩니다. 아메리카 대륙에서 가져온 금과 은 등으로 막대한 이득을 보았지요. 이에 질세라 유럽의 다른 국가들도 식민지를 찾아 넓은 바다를 항해하기 시작했어요. 그중에 '해적 여왕'이라 불리는 엘리자베스 1세가 이끄는 영국이 있습니다. 그럼 이제 엘리자베스 1세를 만나러 영국으로 가 볼까요?

HISTORY AIRLINE ✈ Boarding Pass

2부
절대 왕정의 등장과 엘리자베스 1세

FROM ESPAÑA　TO UNITED KINGDOM

❶ 강력한 왕의 시대, 절대 왕정의 등장
❷ 준비된 왕, 엘리자베스 1세
❸ 해가 지지 않는 나라, 영 제국의 시작

영국

에스파냐

국가명	영국 연합 왕국
수도	런던
민족	앵글로색슨족, 켈트족, 기타
먹을거리	피시앤칩스, 비프웰링턴, 로스트비프, 블랙 푸딩
종교	기독교 59.3%, 이슬람교 4.8%, 힌두교 1.5% 등
언어	영어

세계사 (기원후)
- 헨리 8세, 영국 국교회 창설 1534년
- 엘리자베스 1세 즉위 1558년

한국사
- 1519년 기묘사화
- 1555년 을묘왜변

에스파냐가 한창 아메리카 대륙 정복을 하고 있을 무렵, 영국에서는 큰 변화의 바람이 불고 있었어요. 종교 갈등과 왕위 계승 문제가 맞물려 큰 혼란에 빠진 영국을 구한 건 바로 엘리자베스 1세였죠. 엘리자베스 1세가 어떻게 영국 내부의 문제를 하나하나 해결해 나갔는지, 영국이 어떻게 전세계 바다를 제패했는지 지금부터 자세히 알아보아요.

네덜란드 독립 전쟁 시작	에스파냐, 레판토 해전 승리	영국, 칼레 해전 승리	엘리자베스 1세 죽음
1568년	1571년	1588년	1603년

1592년
임진왜란

강력한 왕의 시대, 절대 왕정의 등장

여러분, 이곳은 영국의 수도 런던입니다! 런던은 세계적인 금융, 문화, 상업의 중심지로 잘 알려져 있죠. 빅벤, 타워브리지, 웨스트민스터 대성당, 런던 내셔널 갤러리 등 볼거리도 정말 많지요. 그중에서도 우리는 런던 탑을 보러 왔습니다.

런던 탑은 10여 개의 탑과 성벽으로 이뤄져 있어요. 이름은 탑이지만, 사실은 성이지요. 런던 탑은 세계에서 가장 잘 보존된 중세 성 가운데 하나예요. 그리고 이번 이야기의 주인공이자 영국 역사상 가장 사랑받는 왕으로 손꼽히는 엘리자베스 1세와 관련 있는 곳이에요. 엘리자베스 1세가 여기서 어린 시절을 보냈거든요. 그런데 엘리자베스 1세는 이곳에서 보낸 시간이 행복하지 않았다고 해요.

런던 탑은 적의 침입을 막기 위해 만들어진 요새였어요. 하지만 귀족이나 왕족, 전쟁 포로를 가두는 감옥이나 처형장으로 많이 사용됐죠. 특히 15~17세기 초반 튜더 왕가* 시기에 많은 왕족이 이곳에서 최후를 맞이했어요. 공주였던 엘리자베스 1세 역시 이 런던 탑에 죄수로 갇혀 있었던 겁니다.

> **튜더 왕가**
> 1485년~1603년 절대 왕정 시기의 영국 왕조. 영 제국의 토대를 마련했다.

훗날 여왕이 되는 엘리자베스 1세는 무슨 이유로 런던 탑에 갇히게 된 걸까요? 그것도 어린 시절에 말이에요. 그 이야기를 하기 전에 먼저 당시 유럽의 상황부터 알아보도록 하죠.

서유럽 전성시대

콜럼버스의 신항로 개척은 유럽 사회 전체에 엄청난 변화를 가져왔어요. 이전 유럽의 무역 중심지는 지중해였어요. 아시아에서 생산되는 향신료, 비단 등은 대부분 홍해와 페르시아 만을 거쳐 지중해 동쪽을 통해 들어왔거든요. 하지만 신항로 개척 이후엔 대서양이 유럽의 무역 중심지가 되었어요.

대서양과 접한 에스파냐와 포르투갈은 신항로 개척 이전에는 세력이 크지 않았어요. 그러나 이제 에스파냐는 아스테카와 잉카 제국 정복 후 식민지 경영을 통해 막대한 부를 쌓은 나라가 됐어요. 포르투갈은 아프리카 대륙을 빙 돌아 인도로 가는 항로를 개척하는 데 성공한 뒤 인도양을 장악했어요. 그리고 동쪽으로 진출해 중국, 일본과도 교역을 시작했지요. 아메리카, 아시아에서 교역품을 실어 온 배들은 두 나라의 항구로 들어왔고, 이들의 세력은 날이 갈수록 커졌답니다.

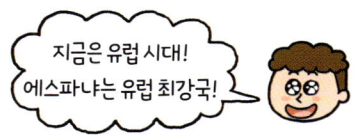

나중에는 영국, 프랑스, 네덜란드 등도 식민지를 손에 넣기 위해 경쟁적으로 전 세계로 뻗어나갔어요. 이렇게 서유럽은 새로 차지한 식민지와 원주민들의 희생을 바탕으로 전례 없는 풍요를 누리게 되었어요.

유럽 무역의 중심지 변화

상공업자의 부상과 왕권 강화

서유럽 전성시대에 가장 활기차게 살았던 사람들은 누구였을까요? 바로 상인과 수공업자였어요. 상인은 전 세계를 누비며 무역을 했고, 수공업자는 도시에 모여든 사람들과 교역에 필요한 물건을 만들어 팔았어요. 상공업자들은 많은 돈을 벌었고 세력도 키웠어요.

이제 유럽에는 상공업자의 시대가 열렸어요. 그런데 재미있는 건 상공업자의 세력이 커지자 왕의 힘도 점점 강력해졌다는 거예요. 이전까지만 해도 유럽 사회는 교회와 영주˚의 세력이 매우 강했어요. 교회는 기본적으로 사회의 질서를 장악하고 있었고, 지방에 땅을 소유한 영주들은 군사력이 막강했어요. 이들이 왕을 견제했기 때문에 왕은 자신의 권력을 마음대로 휘두를 수 없었지요.

> **영주**
> 중세 시대, 지방에 땅을 소유하고 그 땅에 사는 농민과 수공업자들을 보호하고 지배했던 사람을 말한다.

왕이 교회와 영주의 눈치를 봐야 했구나.

신항로 개척 후, 식민지를 만든 각국의 왕들은 식민지를 효과적으로 다스리기 위해 군대가 필요했어요. 군대에 무기를 보급하고 병사들에게 월급을 주려면 돈이 있어야겠죠? 왕들은 상공업자들에게 손을 내밀었어요. 마음껏 장사할 수 있도록 보장해 줄 테니 세금을 내라는 거였죠. 상공업자들은 이 제안이 싫지 않았어요. 왕이 적극적으로 보호해 준다면 영주와 교회의 눈치를 보지 않고 마음껏 장사할 수 있으니까요.

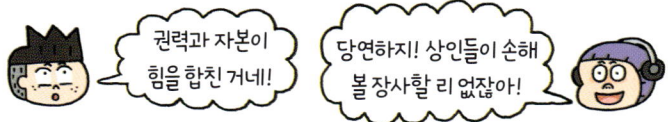

왕이 이렇게 경제 활동에 적극적으로 개입하면서 나라의 부를 키우는 걸 '중상주의'라고 해요. 상공업자들의 자본을 바탕으로 강력한 군대를 만들자 왕의 권력은 점점 커져 갔어요. 자연스럽게 영주의 세력은 약해졌고요.

한편에서는 종교 개혁의 바람이 거세게 불었어요. 종교 개혁이란 16~17세기 유럽에서 로마 가톨릭교회의 쇄신을 요구하며 일어난 개혁 운동을 말해요.

가톨릭교회와 성직자들은 오랫동안 막강한 권력을 누려 왔

어요. 하지만 당시 성직자들은 고통받는 사람들을 외면한 채 권력 다툼을 하거나 자신들의 이익을 챙기는 데 급급했어요. 사람들은 가톨릭교회를 점점 믿지 못하게 되었지요.

결정적으로 가톨릭교회가 으리으리한 대성당을 짓기 위해 '면벌부'를 만들어 판 것이 문제가 되었어요. 면벌부는 가톨릭교회가 돈을 낸 사람에게 죄에 대한 벌을 면제해 준다는 의미로 발행한 증서였어요.

죄를 지으면 선행을 하거나 기도로써 용서를 받아야 해요. 그런데 가톨릭교회가 돈만 내면 된다고 하자 사람들은 분노했어요. 가톨릭교회에 대한 신뢰는 땅에 떨어졌고, 가톨릭교회에서 분리된 새로운 교회, 즉 개신교가 등장했어요. 가톨릭교회는 개신교와 대립했고, 가톨릭교회의 권위는 흔들리게 됐답니다.

이렇게 영주와 교회의 세력이 약해지자 왕의 권력은 상대적으로 강해졌어요. 그리고 왕을 중심으로 중앙 집권 통치가 강화된 국가, 즉 절대 왕정 국가가 나타나기 시작했어요. 당시에는 에스파냐가 대표적인 절대 왕정 국가였어요.

> **절대 왕정**
> 왕이 어떤 제약도 받지 않는 절대적인 권한을 갖는 정치 형태를 말한다.

헨리 8세와 종교 개혁

이 무렵 영국 역시 권력이 왕에게 집중되고 있었어요. 장미 전쟁*으로 귀족 세력이 약해진 상태에서 1509년 즉위한 헨리 8세는 종교 개혁을 통해 왕권을 더욱 강화했어요. 엘리자베스 1세의 이야기는 바로 헨리 8세가 감행한 종교 개혁에서부터 시작됩니다.

> **장미 전쟁**
> 1455년~1485년 영국의 왕위 계승권을 두고 랭커스터 가문과 요크 가문 사이에 벌어진 전쟁. 두 가문의 문장이 모두 장미여서 장미 전쟁이라고 불린다.

헨리 8세는 결혼을 무려 여섯 번이나 한 바람둥이 왕으로 잘 알려져 있어요. 그의 첫 번째 왕비는 에스파냐의 공주 캐서린이었어요. 헨리 8세는 캐서린이 아들을 낳아 주기를 바랐어요. 그래야 왕권이 안정되니까요. 하지만 캐서린이 아들을 낳지 못하자

헨리 8세는 그녀를 점점 멀리했어요. 그러다 캐서린의 시녀였던 앤 불린과 사랑에 빠지게 됩니다.

헨리 8세는 앤 불린과 정식으로 결혼하고 싶었지만 그럴 수가 없었어요. 교황이 허락하지 않았기 때문이에요. 당시 영국은 가톨릭 국가였는데 가톨릭교는 교리상 이혼을 허용하지 않았거든요. 하지만 헨리 8세는 포기하지 않았답니다. 자, 여기서 퀴즈!

첫 번째 왕비, 아라곤의 캐서린 ↑

Q. 헨리 8세는 캐서린과 이혼하고 앤 불린과 결혼하기 위해 어떤 일을 했을까요?

왕의 권력이 점점 강해지던 시기라고 했으니까 그냥 무작정 결혼하지 않았을까?

그게 가능했다면 헨리 8세가 고민하지 않았겠지. 내 생각엔 캐서린에게 이혼해 달라고 싹싹 빌었을 것 같아.

캐서린이 이혼해 준다고 해도 교황이 허락하지 않으면 이혼 못 한다고 했잖아. 교황과 거래를 했을 것 같아.

뭘 그렇게까지 복잡하게 생각해? 그냥 종교를 바꾸면 되는 거 아냐? 그럼 교황한테 허락받을 필요가 없잖아.

맞아, 그러면 되지! 이거 정답 같은걸?

맞습니다! 정확하게 말하자면 국교를 바꾼 겁니다. 가톨릭교회의 수장인 교황의 허락 없이 결혼하는 방법을 생각해 낸 거죠. 1534년 헨리 8세는 가톨릭교회와 결별하고 영국 국교회를 세웠습니다. 그리고 자신이 영국 국교회의 수장이 되었죠. 헨리 8세가 영국에 있는 모든 교회의 수장이 되었으니 이혼과 재혼에 반대할 사람이 없어진 겁니다.

하……. 결혼을 하겠다고 국교를 바꾸다니, 말이 돼?

헨리 8세는 앤 불린과 결혼하기 위해 영국의 국교를 바꾸었어요. 하지만 단지 자신의 결혼만을 위해 국교를 바꾼 건 아니었답니다.

당시 유럽 사회는 종교 개혁으로 개신교가 확산되고 있었어요. 이미 많은 사람들이 가톨릭교회의 타락과 성직자의 부정부패에 질려 있었지요. 유럽의 여러 왕들 역시 교황이 이래라저래라 간섭하는 게 못마땅하던 차였고요. 이때 헨리 8세가 과감하게 국교를 가톨릭교회에서 영국 국교회로 바꾸는 종교 개혁을 감행한 거예요.

왕이 교회의 수장이 되면서 교회가 관리하던 땅과 재산은 모두 왕의 차지가 되었고 권력도 자연스럽게 왕에게 집중되었어요. 헨리 8세의 종교 개혁은 앤 불린과의 결혼을 성사시키기 위한 방법이자 왕권을 강화하는 수단이었어요.

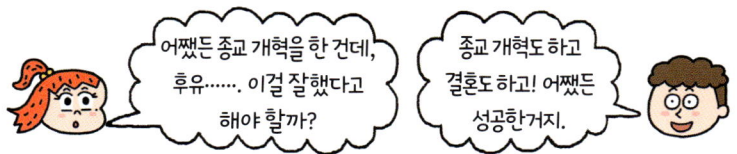

아무튼 이렇게 우여곡절 끝에 결혼한 두 사람은 행복하게 살았을까요? 안타깝게도 전혀 그렇지 못했어요. 둘 사이에서는 1533년에 딸 한 명을 얻었을 뿐 이번에도 왕위를 이을 아들을

↑ 두 번째 왕비, 앤 불린

↑ 네 번째 왕비, 클레페의 앤

↑ 다섯 번째 왕비, 캐서린 하워드

얻지 못했어요. 그러자 헨리 8세는 앤 불린에게 온갖 누명을 뒤집어씌운 다음 런던 탑에 가두고 처형시켜 버렸어요. 마법으로 왕을 유혹했다는 어처구니없는 혐의까지 씌웠지요. 국교를 바꾸면서까지 했던 결혼은 이렇게 허무하고 비극적으로 끝나고 말았어요.

그런데 헨리 8세와 처형당한 앤 불린 사이에서 태어난 딸이 바로 엘리자베스 1세였습니다. 엘리자베스 1세는 세 살이 되기도 전에 엄마를 잃고 사생아 취급을 받았죠.

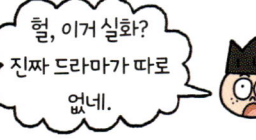
헐, 이거 실화? 진짜 드라마가 따로 없네.

헨리 8세는 앤 불린을 처형하고 고작 11일 후에 세 번째 결혼을 했어요. 하지만 세 번째 왕비인 제인 시모어는 아들을 낳고 곧 병에 걸려 죽고 말았지요. 이후 헨리 8세는 세 번이나

헨리 8세의 가족 ↑

더 결혼을 하며 이혼과 처형을 반복하다가 1547년 유일한 아들이었던 에드워드 6세에게 왕위를 물려주고 죽었답니다.

　엘리자베스 1세는 헨리 8세가 여섯 번이나 결혼하는 동안 엄마를 포함한 여러 왕비들이 이혼이나 처형을 당하는 모습을 고스란히 지켜보았어요. 그러면서 권력은 왕비가 아니라 왕에게 있다는 걸 깨닫게 됩니다. 그럼 이제부터 엘리자베스 1세가 어떤 과정을 통해 왕위에 오르게 되었는지 살펴볼까요?

2장 준비된 왕, 엘리자베스 1세

지금 우리가 온 곳은 웨스터민스터 대성당이에요. 1547년 2월, 이곳에서 에드워드 6세의 대관식이 열렸어요. 당시 에드워드 6세의 나이는 아홉 살이었는데 건강이 썩 좋지 못했나 봐요. 왕이 된 지 7여 년 만에 죽고 말았지요.

헨리 8세는 죽기 전에 왕위 계승을 둘러싼 혼란을 막기 위해 왕위 계승 서열을 법으로 미리 정해 두었어요. 1순위가 유일한 아들이었던 에드워드 6세였고, 2순위가 첫 번째 왕비 캐서린의 딸인 메리 1세, 3순위가 엘리자베스 1세였죠.

1553년, 서열에 따라 메리 1세가 왕이 되었어요. 영국의 첫 여왕이 탄생하는 순간이었죠. 메리 1세는 아버지인 헨리 8세에게 이혼당하고 불행하게 살았던 어머니의 명예를 회복하는 걸 가장 큰 목표로 삼았어요. 그리고 목표를 이루기 위해 무시무시한 '피의 통치'를 시작했답니다.

에드워드 6세 ↑

메리 1세 ↑

피의 메리 1세와 죄수가 된 엘리자베스 1세

메리 1세가 왕이 되자마자 한 일은 바로 가톨릭교를 부활시키는 거였어요. 그녀는 영국의 국교를 아버지가 세운 개신교인 영국 국교회에서 어머니의 종교인 가톨릭교로 다시 돌려놓았어요. 그리고 어머니를 왕비의 자리에서 끌어내린 영국 국교회 세력을 탄압하기 시작했어요.

메리 1세는 무자비했어요. 1554년부터 3년여 동안 약 300명을 이단*이라는 이유로 화형시켰지요. 화형은 정말 잔인한 형벌이에요. 사람을 불에 태워 죽이는 거잖아요. 사람들은 눈 뜨고 볼 수 없는 참혹한 광경에 차라리 그 사람이 빨리 죽어 고통을 덜 받도록 목에 화약 봉지를 걸어 줄 정도였어요. 이런 처형을 많이 했기 때문에 사람들은 메리 1세를 '블러디 메리, 피의 메리'라고 부르게 됐답니다.

> **이단**
> 어떤 종교집단의 내부에서 정통 교리에서 크게 벗어나는 주장을 하는 단체를 말한다.

↑ 개신교도의 화형 모습을 그린 그림

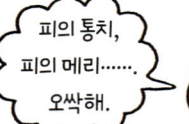
피의 통치, 피의 메리…… 오싹해.

영국을 피의 공포 속으로 몰아넣은 메리 1세는 이복동생인 엘리자베스 1세도 가만두지 않았어요. 메리 1세는 영국 국교회를 따르는 엘리자베스 1세에게 반란죄를 씌워 런던 탑에 가둬 버렸답니다. 한순간에 한 나라의 공주에서 죄수로 신분이 바뀌어 버린 거죠.

> 런던 탑은 엄마 앤 불린이 갇혔다가 처형당한 곳이잖아. 너무 괴로웠겠다.

가톨릭교회 지지자들은 엘리자베스 1세를 죽여야 한다고 했어요. 엘리자베스 1세는 살아남기 위해 안간힘을 써야 했어요. 메리 1세에게 자신은 가톨릭교도이며 영국 국교회를 혐오한다고 둘러댔어요. 그러면서 이런 말도 했다고 해요.

"저는 지금까지도 여왕 폐하의 백성이었고 앞으로도 살아 있는 한 폐하의 백성으로 남을 것입니다."

일종의 충성 맹세였지요. 이 맹세가 통했는지 다행히 석 달 뒤 엘리자베스 1세는 런던 탑에서 풀려났어요.

엘리자베스 1세는 메리 1세의 재위 기간 내내 숨죽여 지내야 했어요. 눈에 띄었다가는 어떤 일을 당할지 모르니까요. 하지만 시간은 결국 엘리자베스 1세의 편이었답니다. 메리 1세가 왕위를 물려줄 자식 없이 세상을 떠났거든요. 다음 왕위에 오를 사람은 헨리 8세가 정해 둔 왕위 계승 서열법에 따라 엘리자베스 1세였어요.

메리 1세는 많은 이들에게 영국 최초의 여왕으로 알려져 있어요. 메리 1세는 결혼하지 않은 상태에서 왕이 되었어요. 여왕이 된 메리 1세는 자신의 신랑을 어떻게 골랐을까요?

메리 1세는 독실한 가톨릭 신자! 종교가 같은 신랑감을 찾았어요. 메리 1세의 눈에 들어온 사람은 에스파냐의 왕 펠리페 2세였어요.

영국인들은 메리 1세의 결혼을 반대했어요. 펠리페 2세에게 권력이 넘어갈까 봐 걱정했던 거예요.

"에스파냐의 속국이 될 수도 있어요. 이 결혼 반대입니다."

하지만 메리 1세는 1554년 펠리페 2세와 결혼했어요. '펠리페 2세는 영국의 외교 정책에 간섭할 수 없다'는 결혼 조약을 발표하면서 말이에요.

"약속 꼭 지켜."
"걱정 마, 진짜 간섭 안 할게."

2년 후 펠리페 2세는 약속을 깨고 프랑스와의 전쟁에 영국을 끌어들였어요.

"내가 그럴 줄 알았냐, 미안!"
"유럽 대륙에 있는 마지막 땅이었다고!"

이 전쟁으로 영국은 칼레를 빼앗기고 말았어요.

메리 1세는 죽을 때까지도 칼레를 잃은 일을 한스러워했어요. 이 펠리페 2세와의 악연은 엘리자베스 1세까지 이어졌답니다.

편견을 이겨 낸 엘리자베스 1세

 1558년 스물다섯 살의 엘리자베스 1세는 영국의 왕 자리에 올랐어요. 다음 해 1월 웨스트민스터 대성당에서 화려한 대관식이 거행되었답니다.

 엘리자베스 1세는 가마를 타고 대관식장으로 향했어요. 런던 시민들이 주황색 외투를 입은 호위대와 신하들이 그 뒤를 따르는 모습을 지켜보았지요. 마침내 대주교가 엘리자베스 1세의 머리 위로 왕관을 씌워 주었고, 정식으로 엘리자베스 1세가 영국의 여왕이 되었음을 선포했어요. 엘리자베스 1세는 대관식을 치르며 이렇게 다짐했답니다.

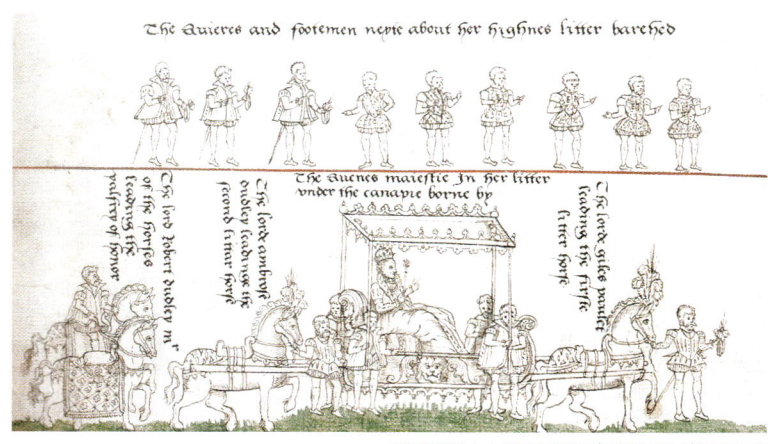

엘리자베스 1세의 대관식 행렬을 묘사한 그림 ↑

↑ 대관식 예복을 입은 엘리자베스 1세

(말풍선) 나, 엘리자베스 1세는 사랑받는 여왕이 되겠다!

'아버지와 언니가 일으켰던 끔찍한 일들을 다시는 반복하고 싶지 않아. 나는 반드시 국민들의 사랑을 받는 왕이 되고 말겠어!'

왕이 된 엘리자베스 1세 앞엔 넘어야 할 산이 많았어요. 그중 하나는 여성에 대한 편견이었어요. 많은 사람이 여성은 훌륭한 왕이 될 수 없다고 생각했지요. 메리 1세가 '피의 통치'를 하면서 그 생각은 더욱 굳어졌어요. 엘리자베스 1세는 사람들의 편견을 바꿀 자신이 있었어요. 왕이 되기 위해 누구보다 철저히 준비해 왔으니까요.

엘리자베스 1세는 왕위 계승 서열 3위로서 어렸을 때부터 당대 최고의 학자들로부터 교육을 받았어요. 철학과 고전, 역사, 윤리, 신학, 수사학뿐만 아니라 음악과 어학도 배웠지요.

엘리자베스 1세는 영특했고, 무엇보다 스스로 책을 읽고 공부하는 것을 좋아했어요. 특히 언어를 공부하는 데 소질이 있어 무려 6개 국어를 자유롭게 구사할 수 있었다고 해요. 이는 여왕이 되어 외교를 할 때 큰 도움이 됐지요.

엘리자베스 1세는 최고의 즐거움으로 다른 나라 말로 된 책을 번역하는 것을 꼽고, 스트레스가 쌓일 때면 번역을 하면서 기분을 풀었어요. 공부를 진심으로 좋아한 거예요. 엘리자베스 1세가 열한 살 때 쓴 편지를 보면, 그 진심을 엿볼 수 있어요. 편지를 한번 읽어 볼까요?

어느 철학자가 말한 것처럼 철과 같은 금속조차도 끊임없이 단련하고 사용하지 않으면 곧 녹이 슬게 됩니다. 인간의 지혜도 이와 같아서 늘 어떤 식으로든 공부하고 단련하지 않으면 무뎌져서 어떤 것도 완전하게 이해할 수 없을 것입니다.

아직 열한 살일 뿐인데도 공부에 대한 열정은 보통의 어른을 훌쩍 뛰어넘었지요. 엘리자베스 1세는 이 편지를 헨리 8세의 마지막 왕비인 캐서린 파에게 보냈어요. 캐서린 파는 의붓어머니지만, 엘리자베스 1세를 잘 돌봐 주었고, 교육에도 매우 신경을 써 주었다고 해요. 덕분에 엘리자베스 1세도 좋아하는 공부를 실컷 할 수 있었지요. 그런데 어쩌면 엘리자베스 1세는 불행한 어린 시절을 보내며 자신이 할 수 있는 건 공부뿐이라고 생각했을지도 몰라요.

엘리자베스 1세는 공부뿐 아니라 정치적인 감각도 키웠어요. 아버지 헨리 8세, 언니 메리 1세를 보고 겪으며 권력을 지키는 방법, 나라를 잘 다스릴 수 있는 방법을 배웠어요. 왕으로서 어떻게 행동해야 할지 몸으로 체득했지요.

> 능력치, 경험치 모두 최고 상태로 준비됐었네!

엘리자베스 1세는 어려서부터 차근차근 쌓아온 지식과 정치적 감각으로 영국이 맞닥뜨리고 있는 문제를 하나하나 해결해 나갔답니다.

가장 빨리 풀어야 하는 문제는 종교 갈등이었어요. 당시 영국은 헨리 8세의 종교 개혁과 메리 1세의 종교 탄압으로 사회가 혼란했어요. 엘리자베스 1세는 우선 국교를 다시 영국 국교회로 되돌려놓았답니다. 하지만 일상생활에서 하는 가톨릭의 의식은 그대로 두어서 가톨릭 신자들이 반발심을 갖지 않게 했어요. 이로써 종교 갈등을 가라앉히는 데 어느 정도 성공했어요.

엘리자베스 1세는 경제 문제도 풀어야 했어요. 엘리자베스 1세가 즉위했을 무렵, 유럽은 물가가 치솟아 골머리를 앓고 있었어요. 유럽의 화폐는 은화였는데, 신항로 개척 후 아메리카에서 엄청난 양의 은이 들어왔어요. 은이 많으니 은화의 가치는 떨어지고, 화폐의 가치가 떨어지니 물가가 오른 거예요. 돈은 많은데, 살 수 있는 물건은 적어진 상황이 된 것이죠.

특히 영국은 헨리 8세가 재위 말에 프랑스와의 전쟁 비용을 충당하기 위해 이물질을 섞은 불량 은화를 많이 찍어 냈어요. 그러자 은화의 가치는 더욱 떨어졌답니다.

> **물가**
> 많은 물건들의 가격을 평균한 값으로, 가격이 오른 물건이 많으면 '물가가 올랐다', 반대로 가격이 내려간 물건이 많으면 '물가가 내렸다'고 말한다.

엘리자베스 1세는 이 문제를 해결하기 위해 이물질이 섞인 불량 은화를 거둬들이고, 새 은화를 발행했어요. 불량 은화를 가져오면, 은의 순도와 양을 따져 실제 값어치에 맞는 새 은화로 교환해 주는 방식이었지요.

또 갑옷과 같은 무기, 보석 세공, 의류 제작 등과 같은 제조업을 육성해 생산 시설을 확대하고 상품 공급을 늘리기 위해 애를 썼어요. 이처럼 엘리자베스 1세는 통치 기간 내내 경제를 안정시키기 위해 노력했답니다.

이건 은이 조금밖에 안 들어 있네요. 은값에 맞는 새 은화로 바꿔 줄게요.

영국과 결혼한 여왕

 한편 영국 의회의 의원들은 엘리자베스 1세가 왕위에 오르자마자 하루빨리 결혼해야 한다고 주장했어요. 그들은 엘리자베스 1세에게 정식으로 청원을 올리기도 했어요. 잠시 그 내용을 살펴볼까요?

 "여왕은 자신과 이 나라를 위해 하루빨리 배우자를 얻어 남자에게나 어울리는 여러 힘든 일들에서 벗어나야 한다."

 즉, 빨리 결혼해서 아들을 낳아 기르고 왕이 할 일은 남자에게 맡기라는 것이었지요. 이런 무례한 청원에 엘리자베스는 이렇게 답을 했어요.

 "나에게는 이미 영국이라는 남편이 있으며 그대들에게는 그것으로 충분할 것이다. 더 이상 나를 비난하지 말라. 내게는 자식이 없지만, 그대들 모두가 나의 자식이고 친척이다."

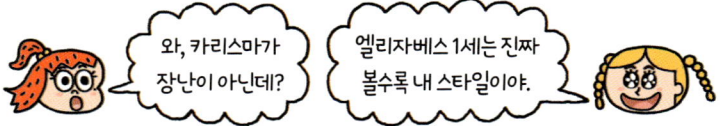

 엘리자베스 1세는 실제로 평생 결혼을 하지 않아서 '처녀 여왕'이라고 불리기도 해요. 엘리자베스 1세는 왜 결혼을 하지 않았을까요? 엘리자베스 1세가 직접 이유를 밝힌 적은 없어요. 당시 상황과 여러 기록으로 추측하자면 엘리자베스 1세는 남편과 권력을 나눠 갖는 걸 원하지 않았던 것 같아요. 또 미혼이라는 점을 정치나 외교에 활용하려는 생각도 있었던 것 같고요.

엘리자베스 1세가 처녀임을 상징하는 체를 들고 있는 초상화

당시 대부분의 왕들은 왕권을 안정시키고 국가 간의 교류를 강화하는 수단으로 결혼을 이용했어요. 정략결혼˙을 통해 든든한 동맹을 맺거나 상대로부터 필요한 것을 얻어 냈고, 때로는 상대적으로 강한 나라가 약한 나라에 적극적으로 영향력을 행사하기도 했답니다. 그러니 영국의 여왕이 미혼이라는 사실은 유럽의 여러 왕과 명문가 귀족들에겐 아주 좋은 기회로 보였을 겁니다.

정략결혼
두 나라나 두 집안의 이익이나 목적을 위해 하는 결혼을 말한다.

바로 이런 이유로 엘리자베스 1세가 공공연하게 결혼하지 않겠다고 말했음에도 불구하고 유럽 여러 나라의 쟁쟁한 구혼자들이 줄을 서는 재미있는 상황까지 벌어진 거죠. 실제로 엘리자베스 1세와 결혼 얘기가 오고 간 사람들을 살펴보면 정말 화려합니다. 신성 로마 제국의 대공, 스웨덴의 국왕, 오스트리아의 대공, 러시아의 황제 등등 정말 쟁쟁하죠?

펠리페 2세는 메리 1세와 결혼했던 남자인데!

사실 엘리자베스 1세가 왕위에 오르자마자 구혼한 사람은 에스파냐의 왕 펠리페 2세였어요. 엘리자베스 1세가 프랑스와 인연을 맺는 것을 막으려는 속셈이었지요. 엘리자베스 1세는 결혼을 할 듯 할 듯 하며 펠리페 2세의 애간장을 끓였어요. 그러다 결국 결혼 협상은 깨지고 둘은 원수지간이 되었지요.

엘리자베스 1세는 에스파냐의 적국인 프랑스와의 결혼 협상 때는 무려 10년을 끌었어요. 반지까지 주고받으며 결혼할

마음이 있는 것처럼 행동했지만, 사실 엘리자베스 1세는 처음부터 그럴 마음이 없었던 것으로 보입니다. 결혼 협상은 엘리자베스 1세에게 외교 정책이나 마찬가지였어요. 결혼을 통해 프랑스와 동맹을 맺을 가능성을 내비치면서 강대국 에스파냐의 공격을 막으려고 했던 것이지요.

　엘리자베스 1세가 미혼 상태라면 그 어떤 나라도 섣불리 영국을 공격하지 못할 거예요. 영국이 어느 나라와 손을 잡을지 모르니까요. 엘리자베스 1세는 밖으로는 결혼 협상을 하면서 안으로는 영국의 문제들을 해결하는 데 힘썼어요. 그렇게 영국을 안정시킨 엘리자베스 1세의 눈은 이제 더 멀리로 향했 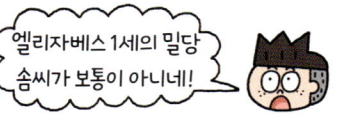 지요. 엘리자베스 1세를 따라 당시 유럽의 많은 배들이 드나들었던 카리브해로 가 볼까요?

3장 해가 지지 않는 나라, 영 제국의 시작

지금 막 도착한 이곳은 멕시코 동쪽 해변의 휴양지인 칸쿤입니다. 20킬로미터에 이르는 하얀 모래사장과 푸른빛으로 출렁이는 카리브해를 볼 수 있는 근사한 곳이지요. 카리브해는 바닷물 색이 아름답기로 유명해서 세계인이 즐겨찾는 바다랍니다. 그리고 영화〈캐리비안의 해적〉의 해적이 탄생한 배경지이기도 하지요.

카리브해가 해적들의 무대가 된 때는 콜럼버스의 신항로 개척 직후인 16세기부터였어요. 수많은 정복자들이 아메리카에서 약탈한 금과 은 등을 유럽으로 실어 나르는 주요한 항구들이 카리브해에 있었기 때문이에요. 보물을 잔뜩 실은 배가 수시로 드나드니 자연스럽게 해적들이 몰려들었지요. 게다가 카

↑ 프랜시스 드레이크

리브해에는 크고 작은 섬들이 많아 숨을 곳이 필요한 해적들에겐 최고의 활동 무대였어요. 이 해적들 중에 엘리자베스 1세와 관련 있는 인물이 있답니다. 바로 프랜시스 드레이크예요.

드레이크는 영국 출신의 해적인데, 카리브해에서 위세가 대단했어요. "내가 바로 드레이크다!" 이 한마디만 듣고 항복하는 사람도 있었다고 하지요. 카리브해의 전설적인 해적 왕과 엘리자베스 1세는 대체 어떤 관계였던 걸까요? 이제부터 그 이야기를 하나하나 벌거벗겨 볼게요.

해적 왕과 엘리자베스 1세

엘리자베스 1세는 재위 후, 영국을 잘 다스렸어요. 엘리자베스 1세를 '훌륭한 여왕 베스'라 부르며 좋아하는 사람들도 생겨났지요. 하지만 엘리자베스 1세는 만족하지 않았어요. 경제가 아직 좋지 않았기 때문이에요. 엘리자베스 1세는 해외로 눈을 돌렸어요. 경제를 살리고 강대국이 되려면 대양으로 진출해야 한다고 생각했지요. 그래야 바다 건너 여러 나라와 무역을 하고 식민지도 개척할 수 있을 테니까요.

엘리자베스 1세는 대양 진출을 꿈꿨지만 거대한 벽에 가로막혔어요. 그 벽은 바로 아메리카 대륙을 식민지로 두고 유럽 최강국으로 우뚝 선 에스파냐예요. 엘리자베스 1세가 에스파냐의 벽을 넘고 싶어 하던 때, 에스파냐만 공격하는 해적이 있다는 소식이 들려왔어요. 그 해적이 드레이크였지요.

여기서 잠깐 드레이크가 왜 에스파냐와 악연을 맺게 되었는지 얘기해 줄게요. 그 이야기는 멕시코 중부 해안가 도시인 베라크루스에서 에스파냐 함대가 영국의 선단을 공격했던 사건에서 시작된답니다.

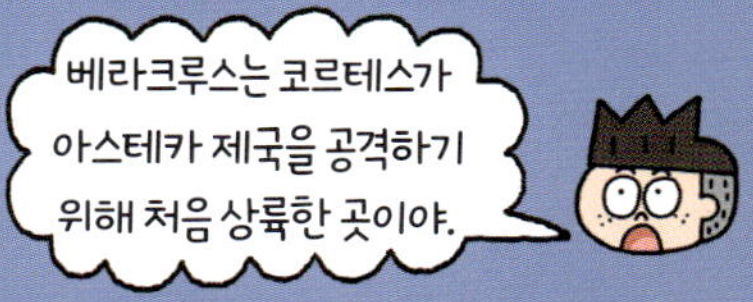

베라크루스는 코르테스가 아스테카 제국을 공격하기 위해 처음 상륙한 곳이야.

1568년 남아메리카로 향하던 영국 선단이 베라크루스 앞바다의 '산 후안 데 울루아'라는 요새에 정박했어요. 영국 선단은

← 에스파냐가 아메리카에 건설한 도시인 베라크루스를 지키기 위해 만든 산 후안 데 울루아 요새

이곳에서 폭풍우로 망가진 배를 손보고 물자를 보급하고 있었어요. 때마침 에스파냐 함대가 정박했는데, 서로 평화를 지키자고 약속했기 때문에 영국 선단은 크게 신경을 쓰지 않았지요. 그런데 에스파냐 함대가 약속을 깨고 기습을 했어요.

영국 선단은 에스파냐 함대의 기습으로 200여 명의 선원이 포로로 잡히거나 죽었어요. 그리고 배 여섯 척 중 딱 두 척만 겨우 도망쳐 나왔어요. 이때 가까스로 목숨을 건진 사람 중 한 명이 드레이크였어요.

이 사건으로 자존심이 상한 드레이크는 에스파냐에 대한 복수를 다짐했어요. 이후 에스파냐 선박만 골라 습격했고, 에스파냐 식민지까지 가서 약탈했지요. 파나마에 있는 에스파냐의 보물 창고를 털고, 페루의 광산에서 캔 은을 나르는 노새 행렬까지 기습했지요.

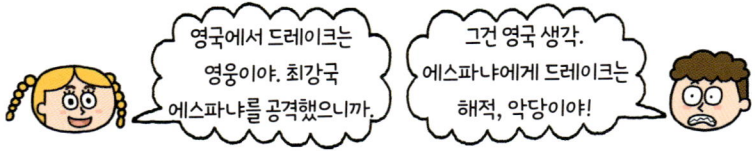

상황이 이렇게 되자 에스파냐 왕 펠리페 2세는 영국에 사신을 보내 강력하게 항의했어요. 이때 엘리자베스 1세는 어떤 반응을 보였을까요?

엘리자베스 1세는 드레이크에게 벌을 내리기는커녕 1572년에 '약탈 허가증'을 발급해 줬답니다. 합법적으로 해적질을 할 수 있도록 해 준 거예요. 엘리자베스 1세는 대체 왜 해적들에게 약탈 허가증을 발급해 주었을까요?

　당시 대서양과 지중해의 해상권은 레판토 해전에서 승리한 에스파냐가 장악한 상태였어요. 에스파냐의 함대가 위세를 떨치는 바다에서 영국 함대는 영 힘을 쓸 수가 없었어요. 이런 상황에서 엘리자베스 1세는 해적들에게서 가능성을 발견했어요. 그 누구보다 바다와 전투에 대해 잘 아는 해적들을 이용해 에스파냐를 견제하겠다고 생각했던 거예요.

엘리자베스 1세의 꿈은 대양 진출! 드레이크와 해적은 엘리자베스 1세에게 에스파냐라는 벽을 넘어 꿈을 이루기 위한 방법이었어요.

드레이크에게 약탈 허가증을 써 줬던 엘리자베스 1세는 1577년에는 드레이크의 항해에 투자하고, 친히 배웅도 했어요.

영국에는 이익을, 에스파냐 함대에는 피해를! 할 수 있겠지?

충성, 충성!

영국을 떠난 드레이크는 대서양을 건너 남아메리카 해안선을 따라 항해했어요. 이후, 필리핀과 아프리카 희망봉을 거쳐 1580년 무사히 영국으로 돌아왔답니다.

드레이크는 세계 일주를 하면서 엘리자베스 1세의 명에 따라 에스파냐 함대를 공격했고, 빼앗은 보물은 전리품으로 영국에 가져왔답니다.

엿새 만에 다 옮겼군. 여왕님이 좋아하시겠지? 하하하.

엘리자베스 1세의 든든한 지원을 받은 드레이크와 해적들은 이제 영국의 이익을 위해서 활동했어요. 영국은 드레이크의 거침없는 해적 활동 덕분에 당시 최강국이었던 에스파냐를 효과적으로 견제할 수 있었어요. 바로 이런 이유로 사람들은 엘리자베스 1세를 '해적 여왕'이라고 불렀답니다.

영국 대 에스파냐, 타오르는 전쟁의 불씨

드레이크가 활약할수록 속이 부글부글 끓는 한 사람이 있었어요. 에스파냐 왕 펠리페 2세였지요.

독실한 가톨릭 신자인 펠리페 2세는 엘리자베스 1세가 종교를 영국 국교회로 바꾼 것부터 마음에 안 들었어요. 또 결혼 협상을 시간만 질질 끌다 끝내 거절을 한 데다 드레이크가 대놓고 에스파냐 함대를 해적질하고 있었어요. 펠리페 2세의 분노는 하늘을 찔렀어요.

펠리페 2세는 엘리자베스 1세에게 당장 드레이크를 잡아들여 에스파냐로 보내거

↑ 드레이크에게 기사 작위를 주는 엘리자베스 1세

나 영국에서 처형시키라고 거세게 요구했어요. 하지만 이번에도 엘리자베스 1세는 눈 하나 깜짝하지 않았답니다. 오히려 1581년에 드레이크에게 기사 작위를 내려 그의 공을 칭찬했어요.

자존심이 무척 상한 펠리페 2세는 무적함대를 앞세워 영국을 침공하기로 마음먹었어요. 그런데 계획을 곧바로 실행에 옮기지는 못했답니다. 전쟁을 치를 돈이 부족했기 때문이에요.

에스파냐가 아메리카 식민지에서 막대한 부를 쌓은 건 사실이지만, 지출은 그 이상으로 많았어요. 식민지를 다스리기 위해 끊임없이 군대를 보내야 했고, 가톨릭교를 수호한다는 명분으로 유럽의 온갖 전쟁에 참여했거든요.

이런 걸 '빛 좋은 개살구'라고 하지.

맞아. 사실 펠리페 2세는 파산 왕으로도 유명해.

게다가 드레이크가 에스파냐 함대를 자꾸 공격하니 함대를 마련하는 데도 돈이 들었어요. 에스파냐는 그동안 벌어들인 은을 전부 쓰고도 모자라 빚까지 져야 할 지경이었죠.

엘리자베스 1세는 에스파냐의 재정난을 훤히 꿰고 있었어요. 1585년 다시 한번 에스파냐를 자극했어요. 에스파냐를 상대로 오랫동안 독립 전쟁을 하고 있던 네덜란드를 지원한 거예요. 에스파냐는 더 이상 참기 어려웠어요. 펠리페 2세는 교황에게 영국 침공을 공식적으로 지지해 달라고 요청한 후 전쟁 준비에 들어갔어요. 그리고 1588년 5월, 에스파냐의 무적함대 130여 척이 영국으로 향했어요.

무적함대를 물리친 엘리자베스 1세

펠리페 2세가 쳐들어온다는 소식은 엘리자베스 1세의 귀에도 들어갔어요. 엘리자베스 1세는 드디어 에스파냐와 맞설 때가 왔다고 생각했어요. 엘리자베스는 1세는 그동안 대양 진출을 준비하며 착실하게 해군력을 기르고 있었어요. 엘리자베스 1세는 속도가 빠른 작은 배 위주로 200여 척을 꾸리고, 드레이크를 영국 해군의 부 총사령관으로 임명했어요. 에스파냐의 무적함대를 맞을 준비를 단단히 한 거예요.

영국 해협으로 진격한 에스파냐군은 우선 프랑스의 항구 도시 칼레에 잠시 정박했어요. 네덜란드와의 전쟁에 파견한 에스파냐 육군 수만 명까지 합류시켜 단숨에 런던으로 쳐들어갈 계획이었거든요. 그런데 육군의 합류가 이런저런 이유로 계속 늦어졌어요. 에스파냐의 함대는 칼레에서 마냥 기다릴 수밖에 없었지요. 이 소식을 전해 들은 드레이크는 무적함대에 큰 타격을 주기 위한 작전을 세운답니다. 여기서 퀴즈!

Q. 칼레에 정박 중인 에스파냐의 무적함대를 물리치기 위해 드레이크는 어떤 작전을 세웠을까요?

유인책을 쓰지 않았을까? 에스파냐는 원정을 온 거니까 아무래도 지형을 잘 몰랐을 것 같아.

좋은 생각인데? 이순신 장군도 임진왜란 때 유인 작전을 써서 일본군을 물리쳤거든. 암초가 있는 곳이나 아군이 매복해 있는 곳으로 에스파냐 무적함대를 유인하는 거지.

 내 생각엔 보급로를 차단했을 것 같은데?
전쟁엔 아무래도 식량 보급이 중요하니까
해적 왕의 특기를 살려서 식량을 싹 털어 버리는 거지!

 오, 그럴듯한데? 하지만 보급로는 어떻게 끊어?

 어, 그 생각을 못 했네.

문제가 어렵나요? 힌트를 하나 줄게요.
삼국지에 아주 비슷한 작전이 나옵니다.

 아, 알겠다! 적벽대전 말씀하시는 거죠? 제갈량이
불 붙은 배로 조조의 대군을 한 방에 제압하잖아요!

정답! 영국군은 한밤중에 유황, 타르, 화약 등을 가득
실은 배 여덟 척에 불을 붙여 칼레항에 정박해 있는
무적함대를 향해 보냈어요. 마침 바람도 거세게 불었고,
바닷물의 흐름도 에스파냐 진영 쪽으로 향하고 있어서
작전은 완벽하게 들어맞았답니다. 불이 붙은 배를 본
무적함대는 닻줄을 끊고 도망쳤고, 그 일대는 대혼란에
빠졌어요. 무적함대의 명성에 금이 간 순간이었죠.
드레이크의 작전이 대성공한 이 전투를 칼레 해전이라고
한답니다!

혼돈의 밤이 지나고 8월 8일 날이 밝았어요. 드레이크의 작전으로 간밤에 큰 피해를 입은 에스파냐 무적함대는 그라블린 앞바다에서 전열을 재정비했어요. 곧 에스파냐 무적함대와 영국 해군의 피할 수 없는 전투가 시작됐어요.

영국 해군은 에스파냐 무적함대의 전술 특징을 잘 알고 있었어요. 무적함대는 주로 적의 배에 갈고리를 걸어 다가간 다음 수많은 보병이 직접 건너가 싸워요. 영국 해군은 무적함대와 최대한 거리를 두고 싸우는 전술을 썼어요. 작고 빠른 함선의 특징을 활용해 멀리서 대포를 쏘며 공격하자 무적함대에 타고

↑ 칼레 해전을 묘사한 그림

있던 그 많은 보병은 아무런 쓸모가 없어졌어요. 결국 승리의 여신은 영국과 엘리자베스 1세의 손을 들어줬답니다.

에스파냐는 영국 침공을 위해 130여 척의 무적함대를 몰고 왔어요. 하지만 에스파냐로 돌아왔을 때 무적함대는 60여 척으로 줄어 있었어요. 그마저도 다시 쓸 수 있는 배는 한 척도 없었다고 해요. 그야말로 무적함대의 완패였지요.

해가 지지 않는 나라

이 전쟁 이후 영국과 에스파냐의 처지는 완전히 바뀌었어요. 무적함대를 무찌른 영국의 위상은 크게 올라갔고 영국인들은 자신감을 가지고 대양 항해에 나섰답니다.

에스파냐가 그랬듯 영국도 아메리카에 진출해 식민지를 만들고 새로운 시장을 개척했어요. 영국은 1600년 동인도 회사를 설립하고 인도를 비롯한 아시아에 진출했죠. 새로운 해상 강국으로 떠오른 영국은 이후 전 세계 바다를 호령하며 '해가

지지 않는 나라', 영 제국으로 성장하게 됩니다.

　엘리자베스 1세는 거의 반세기 동안 영국을 안정적으로 통치하며 영국의 번영을 위해 노력했어요. 그러다 1603년 3월, 엘리자베스 1세는 깊은 잠에 빠져들었고 그 후 다시는 일어나지 못했어요. 죽기 전 의회에서 마지막으로 한 연설에서 엘리자베스 1세는 이런 말을 남겼어요.

　"신께서 나를 여왕으로 만들어 주신 데 감사하지만, 내가 누릴 수 있었던 가장 큰 영광은 그대들의 사랑을 받으며 통치할 수 있었다는 것이다. 더 강하고 현명한 왕은 과거에도 있었고 앞으로도 있을지 모르지만, 나만큼 백성을 사랑하는 왕은 이제까지 없었고 앞으로도 없을 것이다."

　엘리자베스 1세는 때로는 인내하고 때로는 승부사 기질을 발휘하며 영국을 강한 나라로 만들었어요. 또 어린 시절의 시련과 여왕에 대한 편견도 극복했지요. 엘리자베스 1세가 영국 역사상 가장 사랑받는 지도자로, '훌륭한 여왕 베스'로 기억되고 있는 건 바로 이런 이유들 때문이랍니다.

에필로그

"교수님, 이제 닻을 내려야 하는 거 아니에요?"

강하군의 말에 모두 깔깔 웃었어요. 웃음이 잦아들자 옆에 있던 라울이 진지한 표정으로 말했어요.

"전 이번 여행을 통해 콜럼버스 같은 탐험가들이 정복자란 걸 알았어요. 이제부턴 영웅의 앞모습뿐 아니라 뒷모습도 살펴야겠다는 생각을 했어요."

최항해 교수님이 라울의 말을 듣고 이렇게 덧붙였답니다.

"역사는 다양한 해석이 있을 수 있고, 시대에 따라 평가가 달라지기도 해요. 남겨진 기록과 당시의 상황을 바탕으로 역사를 바라보는 관점과 해석의 차이를 확인하는 것, 그리고 기록과 기록 사이 빈 공간을 함께 채워 나가는 것! 이것이 바로 우리 세계사 여행의 목적이지요."

"교수님, 그래도 저는 **콜럼버스**가 새로운 **항로**를 개척하기 위해 서쪽으로 가려고 마음먹었던 건 좀 멋있었어요. 용기가 정말 대단하잖아요!"

"맞아! 원래 첫걸음이 가장 어려운 법이거든!"

샬럿의 말에 라울이 다시 호들갑을 떨며 맞장구를 쳤어요. 옆에서 공차연이 손을 높이 들고 코를 훌쩍이며 말했어요.

"저는 **엘리자베스 1세**가 정말 멋있었어요! 얼마나 힘든 일이 많았을까 생각하면 코가 좀 찡해져요."

"저는 **아메리카 문명**에 대해 오늘 처음 알았어요. 그 문명들이 지금까지 그대로 이어졌다면 역사는 어떻게 달라졌을까요?"

왕봉구의 말에 갑자기 주변이 조용해졌어요. 모두의 시선이 왕봉구에게 향했고 공차연이 큰 소리로 이렇게 말했답니다.

"오, 왕봉구! 항상 먹는 생각만 하는 줄 알았는데, 그런 생각도 하는 거야? 놀라운데?"

"흥! 이거 왜 이래! 나도 나름 열심히 듣고 있다고. 물론 남들보다 먹는 생각을 많이 하는 건 사실이지만."

왕봉구의 말에 모두 다시 한번 크게 웃었어요. 다음에는 또 어떤 세계사 여행이 친구들을 기다리고 있을까요? 다음을 기약하며 교수님과 친구들은 아쉬움을 가득 담아 서로 인사를 나누고 헤어졌답니다.

아메리카 대륙으로 가는 바닷길을 장악한 에스파냐,
에스파냐 무적함대를 꺾고 바다를 제패한 영국.
대항해 시대의 두 나라 이야기, 즐거웠나요?
다음으로 여행할 곳은 '신들의 나라'입니다.
서양 문명의 원천이자 지금도 큰 영향을 미치는
신들의 이야기가 살아 숨 쉬는 곳!
신들의 나라에서는 어떤 이야기들이
우리를 기다리고 있을까요?

벌거벗은 세계사 4권에서 만나 봐요!

History Airline
역사 정보 ❶ 시대 배경 살펴보기

팽창과 정복, 그리고 변화의 시대

대항해 시대는 미지의 세계에 대한 호기심과 팽창, 정복의 욕구가 넘치던 시대였어요. 또한 기존의 질서를 거부하는 새로운 변화의 물결이 거대한 파도처럼 밀려오던 시기이기도 했죠. 이 시대 에스파냐와 영국에서는 어떤 일이 있었는지 살펴볼까요?

에스파냐, 레콘키스타의 끝과 식민지 개척의 시작

유럽 여러 나라들이 신항로를 찾아 나서고 있을 무렵, 에스파냐는 한창 '레콘키스타'라고 하는 국토 회복 운동에 집중하고 있었어요. 레콘키스타는 에스파냐어로 재정복이라는 뜻이에요. 711년 북아프리카에 살고 있던 이슬람 세력이 이베리아반도를 정복했을 때 에스파냐의 가톨릭교도들은 이베리아반도 북부 산악 지대까지 쫓겨났답니다.

이후 780년 동안 이어진 국토 회복 운동은 이베리아반도의 가톨릭 왕국인 아라곤과 카스티야 왕국이 하나로 통합되면서 더욱 힘을 받게 됩니다. 아라곤 왕국의 페르난도 2세와 카스티야 왕국의 이사벨 1세의 결혼으로 에스파냐가 통일 국가가 된 거예요. 1492년 에스파냐는 이슬람 세력의 마지막 거점이었던 그라나다 왕국까지 함락하면서 이베리

페르난도 2세와 이사벨 1세에게 항복하는 그라나다의 왕 ↑

아반도에서 이슬람 세력을 완전히 몰아내는 데 성공했어요. 그리고 같은 해에 이사벨 1세는 콜럼버스의 항해를 결정합니다. 국토 회복 운동의 완료와 동시에 해외 식민지 개척의 역사가 시작된 거예요.

종교 개혁의 바람과 영국의 부상

헨리 8세와 메리 1세의 통치 기간 동안 영국의 국교는 가톨릭교에서 영국 국교회로, 다시 가톨릭교로 바뀌었어요. 이어서 왕이 된 엘리자베스 1세는 국교를 또다시 영국 국교회로 되돌려놓았죠. 종교로 인해 혼란스러운 나라는 영국만이 아니었어요. 마르틴 루터가 일으킨 종교 개혁의 불길은 유럽 전체를 휩쓸었고, 가톨릭교와 개신교 사이의 대립은 갈수록 더욱 심해졌어요. 프랑스에서는 가톨릭교도들이 개신교도 수만 명을 학살하는 사건이 벌어졌고, 이제 막 레콘키스타에 성공한 에스파냐는 가톨릭 수호자를 자처하며 유럽 곳곳에서 전쟁을 일으켰어요. 영국과 에스파냐 전쟁의 도화선이 된 네덜란드 독립 전쟁 역시 당시 에스파냐의 왕이었던 펠리페 2세가 네덜란드의 개신교 세력을 억압하면서 시작된 거예요. 펠리페 2세는 영국 침공을 하면서 이 기회에 엘리자베스 1세를 끌어내려 영국을 다시 가톨릭교 국가로 되돌리려는 생각도 했답니다. 하지만 전쟁은 영국의 승리로 끝났어요. 에스파냐는 결국 종교적인 목적도 달성하지 못하고 해상강국의 자리도 영국에 내주고 말았지요.

개신교도들을 학살하는 가톨릭교도들 ↑

History Airline
역사 정보 ❷ 인물 다르게보기

위대한 탐험가와 훌륭한 여왕의 다른 이름

신항로를 개척한 콜럼버스와 영 제국의 기틀을 마련한 엘리자베스 1세,
이들은 역사적으로 어떤 평가를 받고 있는지 알아볼까요?

위대한 탐험가? 원주민 세계의 학살자?

콜럼버스는 오랫동안 아메리카 대륙을 처음으로 발견한 대항해 시대의 위대한 탐험가이자 영웅으로 평가되어 왔어요. 에스파냐와 미국을 비롯해 중앙아메리카 일부 국가에서는 콜럼버스의 도전과 개척 정신을 기리기 위해 10월 12일을 '콜럼버스의 날'로 지정하기도 했답니다. 하지만 최근에는 그에 대한 평가와 인식이 조금씩 달라지고 있어요. 콜럼버스가 신대륙을 발견했다는 것 자체가 유럽 중심의 관점일 뿐만 아니라, 콜럼버스가 아메리카 대륙에서 저지른 일들이 너무나도 폭력적이고 파괴적이었으며 잔혹했기 때문이에요. 미국의 토착민 권리 운동가인 워드 처칠은 "콜럼버스를 찬양하는 것은 나치가 자행한 홀로코스트를 찬양하는

← 콜럼버스 동상

것과 다름없다."라며 콜럼버스를 강하게 비판하기도 했어요. 유럽의 아메리카 대륙 침입과 식민지화, 원주민 학살 및 노예 무역을 정당화해선 안 된다는 비판의 목소리가 점점 커지면서 미국에서는 '콜럼버스의 날'이 아닌, 원주민들의 희생을 기리는 '원주민의 날'로 부르자는 사람도 많아지고 있답니다.

훌륭한 여왕 베스? 결점 투성이 군주?

그 누구도 이길 수 없을 것 같던 에스파냐의 무적함대를 물리친 엘리자베스 1세는 영국 역사상 가장 훌륭한 왕이자 영국인들이 가장 사랑하는 왕으로 꼽혀요. 그녀는 시대의 편견을 극복하고 시련을 이겨 냈을 뿐만 아니라, 종교 갈등과 경제 문제 등 혼란스러운 영국의 상황을 지혜롭게 잘 수습했어요. 하지만 엘리자베스 1세에 대한 평가 역시 이것이 전부가 아니랍니다.

엘리자베스 1세 사후에 그려진 초상화

오랫동안 지속된 전쟁으로 영국 역시 재정난에 시달렸고, 이를 해결하기 위해 국민들은 과도한 세금을 떠안아야 했어요. 통치 후반에는 의회와의 관계가 악화되어 불만의 목소리가 커지기도 했고, 종교 갈등이 다시 일어나기도 했답니다. 크리스토퍼 헤이그라는 영국의 역사가는 엘리자베스 1세에 대해 '멀리서 보면 뛰어나지만 가까이에서 보면 결점 투성이인 군주'라고 평가하기도 했어요.

대항해 시대 속 인물들

대항해 시대를 이야기할 때 빼놓을 수 없는 인물들이 있어요.
각자의 위치에서 역사의 한 장을 장식한 인물들을 소개합니다.

원주민들의 인권을 위해 헌신한 라스카사스
(1474년~1566년)

에스파냐의 성직자이자 역사가예요. 그는 〈인디아스 파괴에 관한 간략한 보고서〉를 통해 황금에 눈이 먼 정복자들의 탐욕과 잔혹한 학살 행위를 고발했어요. 아메리카 곳곳을 돌아다니며 정복자들의 횡포에 맞섰고, 원주민들의 권리를 보호하기 위해 노력했어요. 라스카사스와 같은 성직자들 덕분에 유럽인들이 식민지를 바라보는 시각이 조금씩 바뀌기 시작했어요.

↑ 라스카사스

최초의 세계 일주 항해를 이끈 마젤란
(1480년~1521년)

포르투갈 출신의 탐험가로, 인류 역사상 최초의 세계 일주 항해를 이끈 인물이에요. 1519년 다섯 척의 배를 이끌고 에스파냐 세비야 항구를 떠난 마젤란은 남아메리카의 남쪽 끝과 태평양을 거

← 마젤란 동상

처 필리핀에 도착했지만, 원주민과의 전투 중 목숨을 잃었어요. 남은 선원들이 인도양과 희망봉을 거쳐 1522년 마침내 에스파냐로 돌아왔어요. 이를 계기로 항해와 지리와 관련된 여러 잘못된 지식이 수정되었어요.

프랜시스 드레이크 경 ↑

엘리자베스 1세와 함께한 해적 왕 드레이크
(1540년 무렵~1596년)

주로 카리브해에서 활동했던 해적이자 탐험가였어요. 엘리자베스 1세의 든든한 지원을 등에 업고 에스파냐 식민지와 함대를 공격해 많은 공을 세웠고, 에스파냐의 무적함대를 격파하는 주역이 되었어요. 영국에서 위대한 해군 제독이자 바다의 영웅으로 존경받고 있어요.

엘리자베스 1세의 자리를 위협한 메리 스튜어트
(1542년~1587년)

스코틀랜드의 마지막 여왕으로 '스코틀랜드의 메리'라고 부르기도 해요. 메리는 스코틀랜드 귀족의 반란으로 영국으로 도망쳐 왔어요. 엘리자베스 1세와 친척 관계였던 메리는 가톨릭교도였어요. 그래서 영국 내 가톨릭 세력의 반역 음모에 여러 차례 휘말렸고, 1586년 엘리자베스 1세 암살을 계획한 편지가 발견되면서 이듬해 처형되었어요.

메리 스튜어트 ↑

History Airline

역사 정보 ❹ 오늘날의 역사

에스파냐, 영국의 오늘과 우리나라와의 관계

대항해 시대를 이끈 두 나라의 오늘날은 어떤 모습일까요?
다양한 문화가 교차하는 지점에서 화려한 문화를 꽃피운 에스파냐와
자본주의의 출발점이 된 영국에 대해 알아볼까요?

에스파냐

에스파냐는 유럽 대륙의 남서쪽 끝 이베리아반도에 위치한 나라예요. 유럽과 아프리카, 지중해와 대서양이 교차하는 지점에 자리 잡고 있어서 유럽의 여느 국가와 확연히 구별되는 독특한 문화를 가지고 있어요. 고대의 페니키아, 그리스, 카르타고 문명부터 로마 제국, 이슬람 문명의 지배, 가톨릭 왕국의 재정복에 이르기까지 에스파냐는 다양한 민족과 문화가 어우러지는 역사적 경험을 해 왔어요. 이 경험이 지금의 에스파냐를 지탱하는 가장 큰 힘이기도 해요. 플라멩코와 투우, 천재 화가 파블로 피카소, 건축가 가우디 등은 에스파냐가 가진 문화의 힘을 보여 준답니다.

↓ 에스파냐 바르셀로나의 해변

에스파냐는 애국가를 작곡한 안익태가 활동하다 생을 마감한 나라이고, 레알 마드리드, FC 바르셀로나 등 세계 최고의 프로 축구팀이 있어서 친구들에게도 아주 친숙한 나라일 거예요.

영국

영국은 잉글랜드와 웨일스, 스코틀랜드, 북아일랜드로 이루어진 연합 왕국이에요. 엘리자베스 1세 통치 당시 영국은 잉글랜드와 웨일스만 통합된 상태였고, 스코틀랜드는 엘리자베스 1세가 죽은 뒤 통합됐어요. 영국은 입헌 군주제 국가이지만, 의회 민주주의를 따르고 있어요. 그래서 국왕이 존재하지만, 상징적 존재일 뿐 통치권은 의회에 있어요. 영국은 산업 혁명이 시작된 곳이자 '보이지 않는 손'으로 유명한 제공한 경제학자 애덤 스미스의 나라이기도 해요. 애덤 스미스는 자본주의 경제가 현재의 모습을 갖추는 데 매우 큰 영향을 준 사람이랍니다.

우리나라와의 관계는 1845년 영국 해군이 조선에 처음 상륙하면서 시작되었고, 1999년에는 영국의 엘리자베스 2세 여왕이 우리나라에 방문하기도 했어요. 친구들에게는 J. K. 롤링의 〈해리 포터〉 시리즈로도 유명한 나라이기도 할 거예요.

영국의 수도 런던 ↓

대항해 시대

15~16세기의 신항로 개척은 유럽 사회에 큰 변화를 가져왔어요.
무역으로 부를 쌓고, 절대 왕정이 등장해 전성기를 누렸지요.
신항로 개척과 절대 왕정을 대표하는 두 나라를 통해 흐름을 알아보아요.

신항로 개척

배경
1. 아시아 상품의 수요 증가
2. 오스만 제국의 동방 무역 장악
3. 아시아에 대한 관심 증가
4. 항해술, 지리학 등 과학 기술 발달

에스파냐
콜럼버스, 카리브해 지역 도착 (1492년)
↓
아메리카 대륙 발견
↓
식민지 건설
↓
식민지 경영으로 절대 왕정 확립

영향
1. 무역 확대로 경제 발전, 상공업 성장
2. 대서양으로 무역 중심지 이동
3. 아메리카 문명 파괴
4. 아메리카의 금·은 유입으로 물가 상승

History information

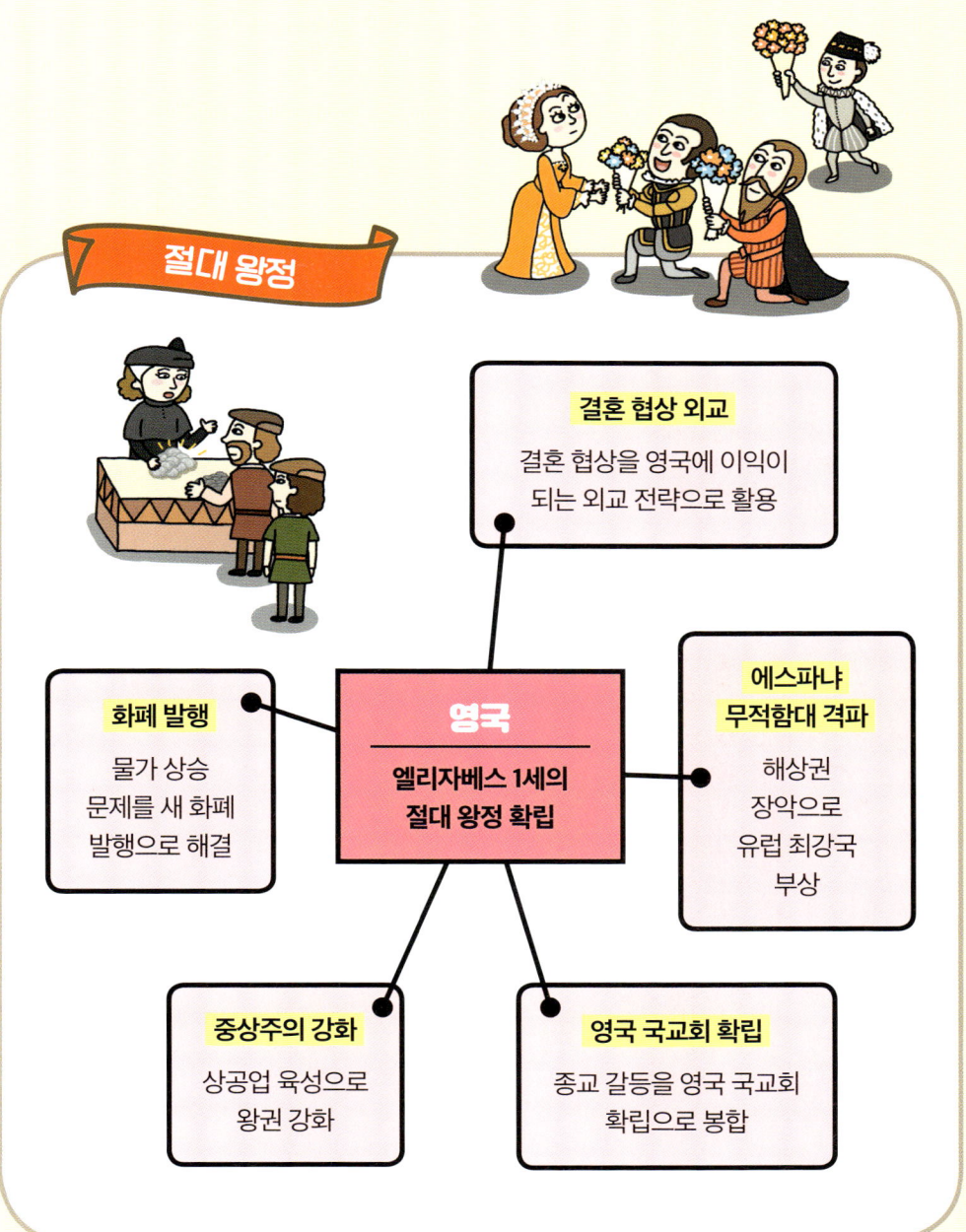

절대 왕정

영국 — 엘리자베스 1세의 절대 왕정 확립

결혼 협상 외교
결혼 협상을 영국에 이익이 되는 외교 전략으로 활용

화폐 발행
물가 상승 문제를 새 화폐 발행으로 해결

에스파냐 무적함대 격파
해상권 장악으로 유럽 최강국 부상

중상주의 강화
상공업 육성으로 왕권 강화

영국 국교회 확립
종교 갈등을 영국 국교회 확립으로 봉합

벌거벗은 세계사 퀴즈 콜럼버스의 신항로 개척 편

1. 15세기에 대항해 시대가 열리게 된 배경으로 적절하지 <u>않은</u> 것을 골라 보세요. ( )

① 아시아에서 온 향신료, 비단 등이 높은 값에 거래되었다.

② 동로마 제국이 멸망하고 오스만 제국이 동서 교역의 주도권을 장악했다.

③ 마르코 폴로의 〈동방견문록〉이 베스트셀러가 되며 아시아에 대한 호기심을 불러일으키고 환상을 갖게 했다.

④ 아메리카 대륙이 있다는 것을 확신하고 탐험하기 시작했다.

2. 다음 설명을 읽고 누구를 가리키는지 이름을 골라 보세요. ( )

- 에스파냐 왕실의 투자를 받아 항해해 1492년 카리브해의 섬에 도착했다.
- 최초로 아메리카 대륙을 발견했으나 죽을 때까지도 인도인 줄로만 알았다.
- '위대한 탐험가'란 평가와 함께 '신대륙의 학살자'란 평가가 있다.

① 바르톨로메우 디아스　　② 바스쿠 다 가마
③ 크리스토퍼 콜럼버스　　④ 마르코 폴로

다음 두 인물이 아메리카에 가서 멸망시킨 나라를 알맞게 연결해 보세요.

 코르테스 •

•  잉카 제국

 피사로 •

•  아스테카 제국

 다음은 '콜럼버스의 교환'을 나타낸 그림이에요. 아메리카와 유럽에 전해진 것 가운데 잘못된 것을 각각 두 가지씩 골라 보세요.

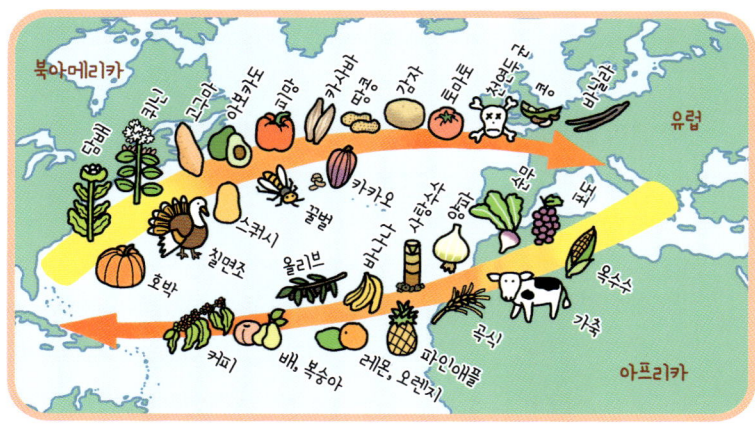

벌거벗은 세계사 퀴즈 엘리자베스 1세 편

1. 16세기 유럽 사회에서 일어났던 변화를 설명한 글을 읽고 빈칸에 알맞은 낱말을 <보기>에서 찾아 써 보세요.

> 보기   중상주의   종교 개혁   절대 왕정

① 나라의 부를 키우기 위해 왕이 경제 활동 전반에 적극적으로 개입하는 _____ 정책을 실시했다.

② _____ 이 일어나 가톨릭교회의 권위가 떨어졌다.

③ 가장 먼저 _____ 을 확립한 에스파냐가 최강국이 되었다.

2. 엘리자베스 1세가 영국의 왕이 되어 한 일을 잘못 말한 것을 골라 보세요. (   )

① 메리 1세의 종교 정책을 이어받아 국교를 가톨릭으로 확립했다.

② 화폐 가치가 떨어진 문제를 해결하기 위해 새 은화를 발행해 불량 화폐를 교체해 주었다.

③ 제조업을 육성해 상품 공급을 확대하는 것으로 경제 위기를 극복하려고 했다.

④ 여러 나라의 구혼자들과의 결혼 협상을 외교 전략으로 사용했다.

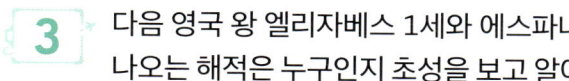

3. 다음 영국 왕 엘리자베스 1세와 에스파냐 왕 펠리페 2세의 대화에 나오는 해적은 누구인지 초성을 보고 알아맞혀 보세요.

 에스파냐의 선박을 약탈한 영국 해적에게 벌을 주시오.

오, 그런 해적이 있어요? 당장 약탈 허가증 발급!

 그자가 또 에스파냐 함대를 공격했소. 당장 처형하시오!

내가 시킨 건데요? 바로 기사 작위 수여!

  ㅇ →

4. 칼레 해전에 대한 설명으로 알맞지 <u>않은</u> 것을 골라 보세요. (　　)

▲ 칼레 해전

① 에스파냐가 무적함대를 이끌고 영국 해협으로 왔다.
② 영국과 네덜란드의 전쟁이다.
③ 영국이 무적함대를 격파했다.
④ 이 전쟁 후 영국이 해상권을 장악했다.

벌거벗은 세계사 퀴즈 정답

대항해 시대 편

1 ④ 아메리카 대륙이 있다는 것을 확신하고 탐험하기 시작했다.

> **해설** 유럽인들은 당시 아메리카 대륙의 존재를 알지 못했다.

2 ③ 크리스토퍼 콜럼버스

3 코르테스 — 아스테카 제국
피사로 — 잉카 제국

4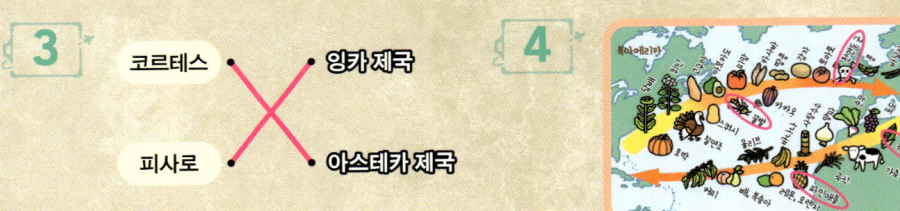

절대 왕정과 엘리자베스 1세 편

1
① 중상주의
② 종교개혁
③ 절대왕정

2 ① 메리 1세의 종교 정책을 이어받아 국교를 가톨릭으로 확립했다.

> **해설** 엘리자베스 1세는 영국 국교회를 영국의 국교로 확립했다.

3 드레이크

4 ② 영국과 네덜란드의 전쟁이다.

> **해설** 영국과 에스파냐의 전쟁이다.

사진 출처

20쪽 세비야 대성당_위키미디어 | 21쪽 세비야 대성당 콜럼버스 납골소_위키미디어 | 22쪽 세바스티아노 델 피옴보 〈크리스토퍼 콜럼버스의 초상〉_미국 뉴욕 메트로폴리탄 미술관 | 25쪽 콜럼버스의 메모가 적힌 〈동방견문록〉_위키미디어 | 27쪽 〈주앙 2세〉, 오스트리아 빈 미술사 박물관_위키미디어 | 28쪽 〈페르난도 2세와 이사벨 1세〉_위키미디어 | 29쪽 바르톨로메우 디아스 동상_위키미디어 | 30쪽 산타마리아호 모형_pxhere | 31쪽 선원들을 달래는 콜럼버스_Wellcome Collection | 38쪽 멕시코 메트로폴리탄 대성당_위키미디어 | 39쪽 멕시코시 소칼로 광장_위키미디어 | 42쪽 〈콜럼버스의 귀환〉_위키미디어 | 48쪽 호세 살로메 피나 〈코르테스 초상화〉, 에스파냐 마드리드 프라도 미술관_위키미디어 | 53쪽 〈멕시칸 신전의 코르테스와 목테수마 2세〉, 미국 의회 의사당_위키미디어 | 54쪽 테노치티틀란 그림과 대신전 모형, 멕시코 국립 인류학 박물관_위키미디어 | 55쪽 테노치티틀란 대신전 모형, 멕시코 국립 인류학 박물관_위키미디어 | 58쪽 아스테카 인신공양 그림_위키미디어 / 아스테카 촘판틀리 유적, 멕시코 국립 인류학 박물관_위키미디어 | 59쪽 〈테노치티틀란 전투〉, 미국 의회 도서관_위키미디어 | 61쪽 잉카 제국 황금 장신구_미국 뉴욕 메트로폴리탄 미술관 | 62쪽 〈아타우알파〉, 독일 베를린 민족학 박물관_위키미디어 | 64쪽 페루 카하마르카의 아타우알파의 방_위키미디어 | 65쪽 마추픽추_위키미디어 | 72쪽 런던 탑_위키미디어 | 73쪽 〈공주 때의 엘리자베스 1세〉, 영국 윈저성_위키미디어 | 79쪽 루카스 크라나흐 〈마르틴 루터의 초상〉_위키미디어 | 80쪽 소 한스 홀바인 〈헨리 8세의 초상〉, 영국 워커 미술관_위키미디어 | 81쪽 〈아라곤의 캐서린〉, 영국 램버스 궁전_위키미디어 | 84쪽 〈앤 불린〉, 영국 히버성_위키미디어 / 소 한스 홀바인 〈클레페의 앤〉, 프랑스 루브르 박물관_위키미디어 / 소 한스 홀바인 〈캐서린 하워드〉_위키미디어 | 85쪽 〈헨리 8세의 가족〉, 영국 햄프턴 코트 궁전_위키미디어 | 86쪽 웨스트민스터 대성당_위키미디어 | 87쪽 한스 이워스 〈메리 1세의 초상〉, 런던 골동품 협회_위키미디어 | 88쪽 〈폭스의 순교사〉에 실린 1558년 화형에 의한 순교_위키미디어 | 91쪽 〈엘리자베스 1세의 대관식 행렬〉, 영국 문장원_위키미디어 | 92쪽 〈엘리자베스 1세〉, 영국 국립 초상화 미술관_위키미디어 | 97쪽 쿠엔틴 메치스 〈엘리자베스 1세의 체 초상화〉, 이탈리아 시에나 국립 미술관_위키미디어 | 100쪽 멕시코 칸쿤_위키미디어 | 102쪽 마르쿠스 제라르 2세 〈프랜시스 드레이크 경〉, 영국 국립 해양 박물관_위키미디어 | 103쪽 산 후안 데 울루아 요새_플리커 | 108쪽 엘리자베스 여왕에게 기자 작위를 받는 드레이크_위키미디어 | 112쪽 〈1588년 8월 8일 에스파냐 함대의 패배〉, 영국 국립 해양 박물관_위키미디어 | 114쪽 소 마르쿠스 헤라르츠 〈엘리자베스 1세〉, 영국 국립 초상화 미술관_위키미디어 | 116쪽 포르투갈 리스본 광장의 신항로 개척 기념비_위키미디어 | 119쪽 파르테논 신전 | 120쪽 프란시스코 프라디야 〈그라나다의 항복〉, 에스파냐 상원 의사당_위키미디어 | 121쪽 프랑수아 뒤부아 〈성바르톨로메오의 학살〉, 스위스 로잔 미술관_위키미디어 | 122쪽 콜럼버스 동상_위키미디어 | 123쪽 엘리자베스 1세 사후에 그려진 초상화_위키미디어 | 124쪽 〈라스카사스의 초상〉, 에스파냐 세비야 인디아스 고문서관_위키미디어 / 마젤란 동상_플리커 | 125쪽 〈프랜시스 드레이크〉, 영국 국립 초상화 미술관_위키미디어 / 메리 스튜어트_위키미디어 | 126쪽 에스파냐 바로셀로나 해변_위키미디어 | 127쪽 영국 런던_위키미디어

벌거벗은 세계사
❸ 대항해 시대의 콜럼버스와 엘리자베스 1세

기획 tvN 〈벌거벗은 세계사〉 제작진 | 글 김우람 | 그림 최호정 | 감수 박구병·윤영휘

1판 1쇄 발행 | 2022년 11월 16일
1판 6쇄 발행 | 2025년 10월 27일

펴낸이 | 김영곤
프로젝트1팀장 | 이명선
기획개발 | 채현지 김현정 권정화 우경진 오지애 최지현
영업팀 | 정지은 한충희 남정한 장철용 강경남 황성진 김도연 이민재
디자인 | 윤수경 **구성** | 김익선 **제작팀** | 이영민 권경민

펴낸곳 | (주)북이십일 아울북
등록번호 | 제406-2003-061호 **등록일자** | 2000년 5월 6일
주소 | 경기도 파주시 회동길 201(문발동) (우 10881)
전화 | 031-955-2145(기획개발), 031-955-2100(마케팅·영업·독자문의)
브랜드 사업 문의 | license21@book21.co.kr
팩시밀리 | 031-955-2177
홈페이지 | www.book21.com

ISBN | 978-89-509-0085-4
ISBN | 978-89-509-0082-3(세트)

Copyright©2022 Book21 아울북 · CJ ENM. ALL RIGHTS RESERVED.
이 책을 무단 복사·복제·전재하는 것은 저작권법에 저촉됩니다.

* 잘못 만들어진 책은 구입하신 서점에서 교환해 드립니다.
* 가격은 책 뒤표지에 있습니다.

⚠ **주의** 1. 책 모서리가 날카로워 다칠 수 있으니 사람을 향해 던지거나 떨어뜨리지 마십시오.
2. 보관 시 직사광선이나 습기 찬 곳을 피해 주십시오.

**다양한 SNS 채널에서
아울북과 을파소의 더 많은 이야기를 만나세요.**

인스타그램 @owlbook21   유튜브 @아울북&을파소

· 제조자명: (주)북이십일
· 주소 및 전화번호: 경기도 파주시 회동길 201(문발동)/031-955-2100
· 제조연월: 2025.10.27
· 제조국명: 대한민국
· 사용연령: 3세 이상 어린이 제품

· **일러두기** 이 책에 나오는 지명과 인명은 《표준국어대사전》을 따라 표기하였고,
규범 표기가 미확정일 경우 감수자의 자문을 거쳐 학계의 표기를 따랐습니다.

벌거벗은 한국사 퀴즈

비교하면 더 잘 보이는 역사!

절대 왕정 등장 시기에 우리나라에서는 어떤 일이 일어나고 있었을까요?
세계사와 비슷한 시대의 한국사 사건들을 퀴즈로 풀어 보며,
두 역사의 연결 고리를 찾아보세요!

1. 이순신이 치른 전투를 순서에 맞게 쓴 것은? [　]

	노량해전	한산도대첩	명량대첩
①	3	1	2
②	1	2	3
③	2	1	3
④	3	2	1

2. 임진왜란의 결과로 옳지 않은 것은? [　]

① 지원군을 보냈던 명이 쇠퇴했다.
② 경복궁, 창덕궁 등 귀중한 문화재가 소실되었다.
③ 조선이 삼전도에서 굴욕적인 강화 조약을 맺었다.
④ 조선의 학자, 자기 기술자 등이 일본에 끌려갔다.